Franziska Deters

Erfolgreiches Betriebliches Eingliederungsmanagement in kleinen und mittleren Unternehmen

Betriebliches Gesundheitsmanagement nach § 167 Abs. 2 SGB IX

Bibliografische Information der Deutschen Nationalbibliothek:

Die Deutsche Nationalbibliothek verzeichnet diese Publikation in der Deutschen Nationalbibliografie; detaillierte bibliografische Daten sind im Internet über http://dnb.d-nb.de abrufbar.

Impressum:

Copyright © Studylab 2020

Ein Imprint der GRIN Publishing GmbH, München

Druck und Bindung: Books on Demand GmbH, Norderstedt, Germany

Coverbild: GRIN Publishing GmbH | Freepik.com | Flaticon.com | ei8htz

Zusammenfassung

Hintergrund: Seit 2004 sind Arbeitgeber verpflichtet den Mitarbeitenden nach sechswöchiger Arbeitsunfähigkeit ein Betriebliches Eingliederungsmanagement (BEM) anzubieten, welches dabei unterstützen soll, den Arbeitsplatz der erkrankten Arbeitnehmer und Arbeitnehmerinnen zu erhalten. Verschiedene Faktoren nehmen Einfluss auf das Gelingen oder Scheitern eines BEM. Bei kleinen und mittleren Unternehmen (KMU) sind dies andere, als bei großen Unternehmen.

Zielsetzung: Das Ziel dieser Arbeit ist das Herausarbeiten der verschiedenen einflussnehmenden Faktoren auf BEM in KMU. Diese Ergebnisse sollen KMU unterstützen, eigene erfolgreiche BEM-Verfahren aufzubauen und konkrete BEM-Maßnahmen durchzuführen.

Methode: Zunächst wird im theoretischen Teil dieser Arbeit BEM im Zusammenhang mit Betrieblichem Gesundheitsmanagement (BGM) betrachtet. Im methodischen Teil wird auf die durchgeführte systematische Literaturrecherche in den Datenbanken PsycINFO, PubMed und LIVIVO sowie die Studienauswahl, unter Einbeziehung der Ein- und Ausschlusskriterien eingegangen. Des Weiteren werden die Ergebnisse der ausgewählten Studien dargestellt und diskutiert.

Ergebnisse: Drei Studien sind ausgewählt worden. Es kann festgehalten werden, dass unterschiedliche einflussnehmende Faktoren existieren. Sie sind in vier verschiedene Kategorien eingeteilt worden: Den sozialen Erfolgs- und Hemmfaktoren sowie den (arbeits-)strukturellen Erfolgs- und Hemmfaktoren. Als sehr einflussreich sind Aspekte wie Vertrauen, ein gutes Betriebsklima und transparente Kommunikation angesehen worden. Zudem hat sich gezeigt, dass externe Unterstützung zu einem gelingenden BEM beiträgt. Auch gewisse feste Regelungen oder Vereinbarungen zu BEM sind als vorteilhaft erkannt worden. Darüber hinaus sind finanzielle und personelle Ressourcen des Arbeitgebers nötig, um BEM zufriedenstellend durchführen zu können. Des Weiteren sind Effekte von BEM ermittelt worden.

Schlussfolgerung: Verschiedene Faktoren sind herausgearbeitet worden, die als gute Grundlage für die Erstellung eigener BEM-Systeme in KMU dienen können. Diese sollten individuell auf das Unternehmen abgestimmt und gegebenenfalls immer wieder angepasst werden. Externe Unterstützungsangebote für KMU sollten ausgebaut werden. Weiterer Forschungsbedarf besteht bei der Befragung betroffener Personen.

Inhaltsverzeichnis

Zusammenfassung III

Abkürzungsverzeichnis VI

Abbildungsverzeichnis VII

Tabellenverzeichnis VIII

1 Einleitung 1

2 Hintergrund 4

    2.1 Gesundheit am Arbeitsplatz 5

    2.2 Betriebliches Gesundheitsmanagement (BGM) 5

    2.3 Arbeitsfähigkeit und Arbeitsunfähigkeit 8

    2.4 Betriebliches Eingliederungsmanagement (BEM) 10

3 Methodik 20

    3.1 Suchstrategie 20

    3.2 Studienauswahl 21

4 Ergebnisse 23

    4.1 Soziale Erfolgsfaktoren 27

    4.2 (Arbeits-)strukturelle Erfolgsfaktoren 29

    4.3 Soziale Hemmfaktoren 32

    4.4 (Arbeits-)strukturelle Hemmfaktoren 33

    4.5 Effekte von BEM 36

5 Diskussion 37

    5.1 Soziale Erfolgsfaktoren 37

    5.2 (Arbeits-)strukturelle Erfolgsfaktoren 39

    5.3 Soziale Hemmfaktoren 42

    5.4 (Arbeits-)strukturelle Hemmfaktoren 43

5.5 Effekte von BEM 45

5.6 Limitation und Gütebeurteilung der ausgewählten Studien 46

5.7 Methodenkritik 48

6 Fazit 50

Literaturverzeichnis 52

Anhang 57

Abkürzungsverzeichnis

a. F.	alte Fassung
AGS	Arbeits- und Gesundheitsschutz
AOK	Allgemeine Ortskrankenkasse
AU-RL	Arbeitsunfähigkeits-Richtlinien
BAR	Bundesarbeitsgemeinschaft für Rehabilitation
BAuA	Bundesanstalt für Arbeitsschutz und Arbeitsmedizin
BEM	Betriebliches Eingliederungsmanagement
BGF	Betriebliche Gesundheitsförderung
BGM	Betriebliches Gesundheitsmanagement
BIH	Bundesarbeitsgemeinschaft der Integrationsämter und Hauptfürsorgestellen
BMAS	Bundesministerium für Arbeit und Soziales
Destatis	Statistisches Bundesamt
DIN	Deutsches Institut für Normung e. V.
EIBE	Entwicklung und Integration eines betrieblichen Eingliederungsmanagements
Hrsg.	Herausgeber
KMU	kleine und mittlere Unternehmen
o. J.	ohne Jahr
o. S.	ohne Seite
RTW	Return to Work
SGB IX	Sozialgesetzbuch IX
SME	Small and Medium-sized Enterprises
TK	Techniker Krankenkasse
WHO	World Health Organization/Weltgesundheitsorganisation

Abbildungsverzeichnis

Abbildung 1: Unter dem Dach von BGM. 6

Abbildung 2: Haus der Arbeitsfähigkeit. 9

Abbildung 3: Vorschlag zum BEM-Prozess. 18

Abbildung 4: Flussdiagramm Studienauswahl. 22

Tabellenverzeichnis

Tabelle 1: Begriffsdefinitionen zu BGM. ...7

Tabelle 2: Studienübersicht. ...26

Tabelle 3: Soziale Erfolgsfaktoren. ...29

Tabelle 4: (Arbeits-)strukturelle Erfolgsfaktoren. ...31

Tabelle 5: Soziale Hemmfaktoren. ...33

Tabelle 6: (Arbeits-)strukturelle Hemmfaktoren. ...35

Tabelle 7: Datenbankrecherche vom 03.06.2019. ...58

Tabelle 8: Übersicht zentraler Merkmale der Studie von Köpke (2011) ...60

Tabelle 9: Übersicht zentraler Merkmale der Studie von Ramm et al. (2012). ...62

Tabelle 10: Übersicht zentraler Merkmale der Studie von Ohlbrecht et al. (2018). ...64

1 Einleitung

Die Mitarbeiter[1] sind eines Unternehmens höchstes Gut. Dass dieser zugegebenermaßen oft vernommene und wie eine leere Phrase klingende Satz gerade zu Zeiten des demografischen Wandels und Fachkräftemangels mehr und mehr an Bedeutung gewinnt, sollte jedem Firmeninhaber sowie jeder einzelnen Führungsperson bewusst sein. Insbesondere für kleine und mittlere Unternehmen (KMU)[2], in denen 61 % der rund 29,1 Millionen Beschäftigten in Deutschland arbeiten (vgl. Statistisches Bundesamt (Destatis) 2018, o. S.), ist elementar, dass die Gesundheit der eigenen Mitarbeitenden als Ressource betrachtet, gesichert und gefördert wird. Ein systematisches betriebliches Gesundheitsmanagement (BGM) kann hierbei unterstützen. Ein BGM sollte jedoch nicht lediglich aus einzelnen Maßnahmen der Gesundheitsförderung bestehen, sondern Arbeitsschutz, betriebliches Eingliederungsmanagement (BEM), betriebliche Gesundheitsförderung (BGF) (vgl. Bundesanstalt für Arbeitsschutz und Arbeitsmedizin (BAuA) o. J.a, o. S.), Personalpflege sowie Personal- und Organisationsentwicklung (vgl. Uhle/Treier 2015, S. 36) vereinen. Ein erfolgreiches BGM kann Leistung und Arbeitszufriedenheit der Mitarbeitenden steigern sowie Kosten und Fehlzeiten für das Unternehmen senken (vgl. Techniker Krankenkasse (TK) 2016, o. S.). Jeder einzelne Bestandteil von BGM kann ebenso separat betrachtet werden, beispielsweise sind Arbeitsschutz sowie BEM gesetzlich geregelt. Jeder Arbeitgeber ist somit verpflichtet, diese Vorgaben zu berücksichtigen. In dieser Arbeit wird neben einigen generellen Informationen zu BGM das Hauptaugenmerk auf das BEM in KMU gerichtet.

In Deutschland ist im Jahr 2004 mit dem § 84 Abs. 2 des Sozialgesetzbuches IX (SGB IX) (alte Fassung (a. F.)) die Pflicht des Arbeitgebers festgesetzt worden, Mitarbeitenden, die längerfristig oder immer wieder arbeitsunfähig erkrankt sind, behilflich zu sein, den Weg zurück in den Betrieb zu finden. Seit 2018 ist das BEM in § 167 Abs. 2 SGB IX verankert. International wird für die Eingliederung zurück in die Beschäftigung häufig die Formulierung return-to-work genutzt. Ar-

---

[1] Aus Gründen der besseren Lesbarkeit wird nur die männliche oder neutrale Form verwendet. Alle Geschlechter sind stets miteingeschlossen.
[2] „Die Größenklasse der Kleinstunternehmen sowie der kleinen und mittleren Unternehmen (KMU) setzt sich aus Unternehmen zusammen, die weniger als 250 Personen beschäftigen und die entweder einen Jahresumsatz von höchstens 50 Mio. EUR erzielen oder deren Jahresbilanzsumme sich auf höchstens 43 Mio. EUR beläuft" (Die Kommission der Europäischen Gemeinschaften 2003, S. 40).

beitgeber, die im Geltungsbereich des SGB IX agieren, sollen seit der Gesetzeseinführung einen Beitrag dazu durch das BEM leisten (vgl. Mehrhoff 2007, S. 127). Return-to-work vereint im Gegensatz zu BEM alle Maßnahmen eines ganzen Netzwerkes verschiedener Akteure zur Wiedereingliederung (vgl. BAuA o. J.b, o. S.). BEM hingegen bezieht sich auf die konkreten Aufgaben, die der Arbeitgeber übernehmen beziehungsweise Hilfen, die dieser anbieten oder einleiten kann. Dies schließt jedoch externe Partner nicht aus. Da der Altersdurchschnitt der Beschäftigten in Unternehmen ansteigt und ein Arbeitsunfähigkeitsfall im Alter längere Zeit in Anspruch nimmt (vgl. Badura et al. 2018, S. 344; vgl. TK 2018, S. 16), ist geboten, dass Arbeitgeber ein gut funktionierendes und hilfreiches BEM ein- und durchführen. Den Arbeitgebern wird durch den Gesetzgeber Autonomie zur praktischen Umsetzung eines BEM gewährt. Das ist sinnvoll, da in Deutschland verschiedenste Arten von Unternehmen, Betrieben oder Behörden existieren, die Arbeitnehmer beschäftigen.

Demnach stellt sich die Frage, welche Faktoren wesentlich sind, um BEM erfolgreich einzuführen und umzusetzen oder was reduziert werden sollte, um den Erfolg nicht zu verhindern oder Misserfolg herbeizuführen. Zu vermuten ist, dass sich sowohl strukturelle beziehungsweise organisatorische, als auch soziale Einflüsse identifizieren lassen, die sich auf den Erfolg des BEM in einem Unternehmen auswirken. Viele Großunternehmen haben bereits überzeugende Strukturen für ein BEM implementieren können. Bei KMU sind erfahrungsgemäß häufig Defizite zu erkennen oder noch gar keine BEM-Strukturen entwickelt worden (vgl. Bundesministerium für Arbeit und Soziales (BMAS) 2018, o. S.). Daher soll die zu erstellende theoretische Bachelorarbeit herausarbeiten, was notwendig ist, um ein BEM erfolgreich in KMU ein- und durchzuführen. Von zentraler Bedeutung ist dabei die Ermittlung fördernder wie auch hemmender Faktoren. Die konkret zu bearbeitende Fragestellung lautet: Welche Faktoren beeinflussen das Betriebliche Eingliederungsmanagement nach § 167 Abs. 2 SGB IX in KMU?

Im Anschluss an dieses einleitende Kapitel folgt die Darstellung des theoretischen Hintergrunds dieser Arbeit, indem zunächst die Themenpunkte Gesundheit am Arbeitsplatz, BGM sowie Arbeitsfähigkeit und Arbeitsunfähigkeit beschrieben werden. Anschließend erfolgt eine detaillierte Betrachtung von BEM und dessen Zielen. Dazu wird eine ausführliche Erklärung zu BEM vorgenommen. Daraufhin werden Vorteile von BEM erläutert. Abschließend werden Kernaspekte bezüglich Einführung und Durchführung von BEM dargelegt. Dabei werden häufig Bezüge zur Fragestellung und zu ihrer Relevanz aufgezeigt. Im Methodikteil wird das konkrete Vorgehen der systematischen Literaturrecherche erklärt. Die Operationalisierung der Fragestellung, die genutzten Suchbegriffe und die Datenbanken werden geschildert. Zudem werden die Ein- und Ausschlusskriterien für die Auswahl passender Studien genannt und die Studienauswahl dargestellt. Im nachkommenden Ergebnisteil werden die herausgearbeiteten Ergebnisse ausgewählter Studien deskriptiv abgebildet und daraufhin in der Diskussion ausführlich erörtert. Abschließend wird ein Fazit in Bezug auf die Forschungsfrage gezogen. Ergänzend werden Empfehlungen für die Forschung ausgesprochen.

2 Hintergrund

Der Großteil der gemeldeten Arbeitsunfähigkeitsfälle von Erwerbstätigen besteht aus kurzzeitigen Erkrankungen, die zwar den alltäglichen Betriebsablauf stören, jedoch nicht die erhebliche Masse der Arbeitsunfähigkeitstage ausmachen. In 2017[3] sind rund die Hälfte der Arbeitsunfähigkeitstage durch längere Erkrankungen[4] begründet worden, obwohl die Anzahl langfristiger krankheitsbedingter Arbeitsunfähigkeitsfälle relativ gering ist (vgl. Badura et al. 2018, S. 338; vgl. TK 2018, S. 15). Etwa 40 % der Arbeitsunfähigkeitstage von Erwerbstätigen sind auf Langzeitfälle, die bei Badura et al. (2018) wie bei der TK (2018) mit einer Dauer von über sechs Wochen definiert sind, zurückzuführen (vgl. ebd., S. 331; vgl. ebd., S. 15). Besonders zu berücksichtigen ist in Zeiten des demografischen Wandels und der damit verbundenen Altersstruktur der Erwerbstätigen, dass im Alter die durchschnittliche Dauer der Arbeitsunfähigkeitsfälle ansteigt (vgl. ebd., S. 344; vgl. ebd., S. 16). Langzeiterkrankungen sind nicht nur für die betroffene Person eine schwierig zu bewältigende Situation, sondern stellen auch für die Arbeitgeber und die Gesellschaft eine Herausforderung dar. Für 2017 ist von der BAuA für jeden Arbeitsunfähigkeitstag ein durchschnittlicher Produktionsausfall von 114,00 Euro und ein Ausfall an Bruttowertschöpfung in Höhe von 203,00 Euro geschätzt worden (vgl. BAuA 2019, S. 1). Arbeitsunfähigkeit ist folglich ein hoher volkswirtschaftlicher Kostenfaktor. Neben Produktionsausfall und Ausfall an Bruttowertschöpfung können Kosten für die Sozialversicherungsträger zum Beispiel durch Entgeltersatzleistungen und Beitragseinbußen entstehen. Längere Erkrankungen Erwerbstätiger zu verhindern sowie die Betroffenen bei einer aufgetretenen längeren Erkrankung zu unterstützen, ist somit aus verschiedenen Perspektiven betrachtet nützlich. Insofern bietet es sich an, Faktoren für ein positiv verlaufendes BEM herauszuarbeiten und diese Erkenntnisse für die Ein- und Durchführung von BEM zu nutzen.

---

[3] Als Datengrundlage wird der Fehlzeiten-Report 2018 und der Gesundheitsreport 2018 genutzt. Bei Erstellung dieser Arbeit war bereits eine Kurzübersicht der Fehlzeiten des Gesundheitsreports 2019 veröffentlicht worden. Diese Kurzübersicht beschreibt zwar eine Steigerung kurzzeitiger Erkrankungen von 2017 zu 2018, die durchschnittliche Dauer der Arbeitsunfähigkeitsfälle hat sich demnach aber nicht erwähnenswert geändert (vgl. TK 2019, S. 2).

[4] Als längere Erkrankungen werden Erkrankungen ab vier Wochen (vgl. Badura et al. 2018, S. 551) beziehungsweise ab sechs Wochen (vgl. TK 2018, S. 15) angesehen.

2.1 Gesundheit am Arbeitsplatz

1986 ist von der World Health Organization (WHO) nach der ersten Internationalen Konferenz zur Gesundheitsförderung die Ottawa-Charta zur Gesundheitsförderung verabschiedet und somit der Paradigmenwechsel vom pathogenetischen zum salutogenetischen Ansatz eingeläutet worden. Die Ottawa-Charta besagt unter anderem, dass nicht lediglich das Individuum oder der Gesundheitssektor gesundheitsförderliche Bedingungen beziehungsweise solche, die das Wohlbefinden erhöhen, zu schaffen haben, sondern alle Politikbereiche (vgl. WHO 1986, S. 1). Das Ziel gesundheitsförderlicher Lebenswelten wird zum Beispiel mit „anregende[n], befriedigende[n] und angenehme[n]" (ebd., S. 3) Arbeitsbedingungen konkretisiert. Deutlicher wird die Luxemburger Deklaration zur betrieblichen Gesundheitsförderung in der Europäischen Union, die am 27. beziehungsweise 28. November 1997 in Luxemburg von dem Europäischen Netzwerk für Betriebliche Gesundheitsförderung verabschiedet und 2005, 2007 und 2014 aktualisiert worden ist (vgl. Europäisches Netzwerk für Betriebliche Gesundheitsförderung 2014, S. 4). Mitglieder dieses Netzwerkes sind Organisationen aus Mitgliedsstaaten und Ländern des Europäischen Wirtschaftsraumes sowie der Schweiz. In der Luxemburger Deklaration wird BGF als Verbindung von Arbeitsschutz und umfassenden darüber hinausgehenden Aktivitäten bezogen auf die Gesundheit charakterisiert (vgl. ebd., S. 2 ff.). Das bedeutet, dass die Gesundheit und das Wohlbefinden am Arbeitsplatz von Arbeitgebern, Arbeitnehmern und der Gesellschaft beachtet sowie weiterentwickelt werden sollen (vgl. ebd.). Zudem soll besonders der Arbeitgeber Maßnahmen zur Förderung der Gesundheit anbieten, die über die gesetzlichen Vorschriften zu Arbeitsschutz und zu BEM hinausgehen.

2.2 Betriebliches Gesundheitsmanagement (BGM)

Damit Arbeitgeber die umfassenden Aufgaben zur Sicherung und Förderung der Gesundheit strukturiert erfüllen können, hat sich vielerorts ein systematisches BGM etabliert. BGM lässt sich unterschiedlich weit gefasst interpretieren. In dieser Arbeit wird BGM als ganzheitlicher Ansatz definiert, der alle Aktivitäten, die das Ziel der gesunden Arbeit haben, vereint und keine Konkurrenzen schafft. BGM kann somit als Dachorganisation dieser Aktivitäten gesehen werden (vgl. Uhle/Treier 2015, S. 36). Die verschiedenen Bereiche BGF, Arbeits- und Gesundheitsschutz (AGS), BEM, die Personalpflege sowie spezifische Bereiche der Personal- und Organisationsentwicklung werden in-einander integriert und arbeiten unter dem Dach des BGM zusammen und nicht gegeneinander (siehe Abbildung 1 und Tabelle 1). AGS und BEM sind in Deutschland gesetzlich geregelt. AGS beinhaltet Pflichten für den Arbeitgeber, wie für den Arbeitnehmer. Maßnahmen des BEM anzubieten ist für den Arbeitgeber verpflichtend, diese anzunehmen jedoch für den Arbeitnehmer freiwillig (siehe dazu Punkt 2.4.1 dieser Arbeit). BGF-Maßnahmen sind bisher nicht gesetzlich geregelt und die Personalpflege sowie spezifische Bereiche der Personal- und Organisationsentwicklung gehören zum üblichen unternehmerischen Handeln, können aber auch in BGM etabliert werden.

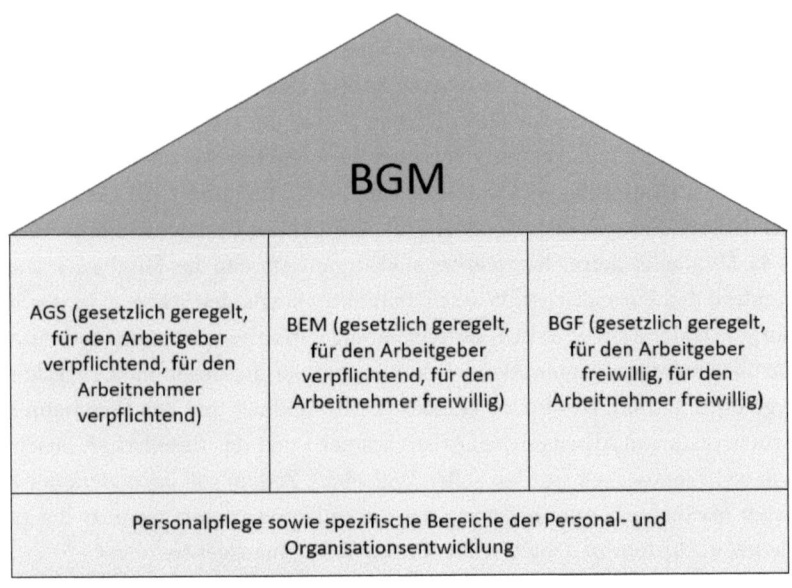

Abbildung 1: Unter dem Dach von BGM.
Eigene Darstellung nach Uhle/Treier 2015, S. 36.

> Arbeits- und Gesundheitsschutz (AGS) betrifft den gesetzlichen Schutz der Arbeitnehmer vor Unfällen und Gesundheitsschäden. Risikofaktoren sollen vom Arbeitgeber identifiziert und behoben werden.
>
> Beim Betrieblichen Eingliederungsmanagement (BEM) werden längerfristig arbeitsunfähig erkrankte Arbeitnehmer vom Arbeitgeber unterstützt die Arbeit wieder aufzunehmen. Das Ziel ist die Arbeitsplatzsicherung.
>
> Am Arbeitsplatz oder zumindest vom Arbeitgeber werden im Rahmen von Betrieblicher Gesundheitsförderung (BGF) Angebote zur Ressourcenstärkung der Arbeitnehmer gemacht, die sich dem Bereich der Verhaltensprävention zuordnen lassen.
>
> Der Personalpflege sowie den Bereichen der Personal- und Organisationsentwicklung können Maßnahmen der Verhältnisprävention zugeordnet werden, beispielsweise Qualifizierungsmaßnahmen für Arbeitnehmer oder Führungskräfte sowie Arbeitszeitveränderungen oder bauliche Maßnahmen.
>
> Betriebliches Gesundheitsmanagement (BGM) integriert die genannten Maßnahmen in das systematische unternehmerische Handeln, in Prozesse und Strukturen des Unternehmens und kann somit zu einem gesunden Unternehmensleitbild und einer gesunden Organisation beitragen.

Tabelle 1: Begriffsdefinitionen zu BGM.
Eigene Darstellung nach Uhle/Treier 2015, S. 36 f. und nach Pfannstiel/Mehlich 2016, S. VI.

Ersichtlich ist, dass die einzelnen Felder eines BGM ebenfalls voneinander getrennt betrachtet und bearbeitet werden können. Angezeigt ist aber, diese durch ein systematisches BGM zu verknüpfen und Erkenntnisse aus einem Bereich, zum Beispiel aus einer BEM-Maßnahme, zusätzlich in anderen Bereichen zu nutzen (vgl. Deutsches Institut für Normung e. V. (DIN) 2012, S. 7).

Verpflichtende Regelungen, wie zum Beispiel teilweise zu Qualitätsmanagementmaßnahmen, existieren zum BGM bisher noch nicht. Mit der DIN SPEC 91020[5] ist aber ein Anfang zu einer Standardisierung gemacht worden. Die DIN SPEC 91020 ist für Unternehmen, die ein BGM einführen möchten, ein hilfreiches Instrument, um BGM zu verstehen und ein passendes BGM-Konzept für die spezielle Situation sowie passend zu den individuellen Belangen des Unternehmens zu entwickeln.

---

[5] In der DIN SPEC 91020 wird beispielsweise BGF definiert als: „Maßnahmen des Betriebes unter Beteiligung der Organisationsmitglieder zur Stärkung ihrer Gesundheitskompetenzen sowie Maßnahmen zur Gestaltung gesundheitsförderlicher Bedingungen (Verhalten und Verhältnisse), zur Verbesserung von Gesundheit und Wohlbefinden im Betrieb sowie zum Erhalt der Beschäftigungsfähigkeit" (DIN 2012, S. 7). Hieran ist exemplarisch zu erkennen, dass die Definitionen der einzelnen Begrifflichkeiten nicht immer übereinstimmen oder trennscharf sind. Dies ist jedoch in der Praxis bei einer ganzheitlichen Auffassung des BGM unproblematisch, da BGM mehr ist, als Einzellösungen in den jeweiligen Handlungsfeldern, nämlich systematisches Managementhandeln (vgl. Uhle/Treier 2015, S. 38 f.).

Darüber hinaus können die Ausführungen zu Akkreditierungs- und Zertifizierungsverfahren herangezogen werden (vgl. DIN 2012, S. 6).

BGM in KMU zu etablieren, ist oft mit Hindernissen verbunden. Dazu gehören beispielsweise Personal- und Finanzmittelmangel und der Vorrang des Tagesgeschäfts. Dabei ist es gerade in KMU wichtig, Möglichkeiten zu nutzen, die Gesundheit und Leistungsfähigkeit von Mitarbeitenden aufrecht zu erhalten und für potentielle neue Arbeitnehmer als Arbeitgeber interessant zu sein – und dies zu bleiben. Um in KMU ein BGM einführen zu können, was ergänzend durch das Präventionsgesetz unterstützt werden soll (vgl. Allgemeine Ortskrankenkasse (AOK) Nordost o. J., o. S.), können zum Beispiel Angebote externer Leistungserbringer in Anspruch genommen oder regionale Netzwerke aufgebaut werden (vgl. Kubalski/Sayed 2016, S. 1).

2.3 Arbeitsfähigkeit und Arbeitsunfähigkeit

2.3.1 Arbeitsfähigkeit

Führt ein Arbeitgeber ein BGM-System ein oder kommt es zur Durchführung einzelner Tätigkeiten zur Sicherung oder Förderung der Gesundheit, ist neben möglichen gesetzlichen Verpflichtungen (zum Beispiel zu AGS und BEM) die Hoffnung auf steigende Arbeits- und Leistungsfähigkeit der Mitarbeitenden ein bedeutender Grund. Arbeitsfähigkeit lässt sich oberflächlich betrachtet leicht erklären: Ein Arbeitnehmer ist arbeitsfähig, wenn sein körperlicher und seelischer Zustand keinen Anlass dazu gibt, die aufgetragenen Arbeiten nicht durchführen zu können. Arbeitsfähigkeit besteht demnach, wenn keine Arbeitsunfähigkeit besteht. Der finnische Wissenschaftler Juhani Ilmarinen hat mit dem Haus der Arbeitsfähigkeit (siehe Abbildung 2) jedoch viele verschiedene Faktoren herausgearbeitet, die die Arbeitsfähigkeit beeinflussen.

Das Haus der Arbeitsfähigkeit besteht aus den vier Etagen Gesundheit, Kompetenz, Werte und Arbeit (vgl. Tempel/Ilmarinen 2013, S. 40 ff. zitiert nach Uhle/Treier 2015, S. 140). Die erste Etage, auf der das restliche Haus, also die Arbeitsfähigkeit aufbaut, ist die Gesundheit. Ist ein Beschäftigter gesundheitlich nicht in der Lage, einer Tätigkeit nachzugehen, ist die Arbeitsfähigkeit tatsächlich nicht gegeben. Die nächsten drei Etagen beinhalten zusätzliche Faktoren, wie das nötige Fachwissen, die Werte und Einstellungen zur Arbeit und die Arbeit an sich. Neben der Gesundheit sollten diese drei Etagen in einem BGM berücksichtigt und ausgebaut werden, damit sich die Arbeitsfähigkeit der Mitarbeitenden entwickeln kann und diese in der Lage sind, mit ihren Ressourcen die anfallende Arbeit zu erledigen und zu bewältigen. Das Haus der Arbeitsfähigkeit beinhaltet somit auch Aspekte anderer ressourcenorientierter Belastungs-Beanspruchungs-Modelle (vgl. Uhle/Treier 2015, S. 140) beziehungsweise Anforderungs-Ressourcen-Modelle. Im Übrigen sind externe Einflüsse, wie zum Beispiel das Umfeld, die Familie und Freunde nicht gänzlich auszublenden. Arbeitsfähigkeit ist demnach vielschichtiger als das Nichtvorhandensein von Arbeitsunfähigkeit.

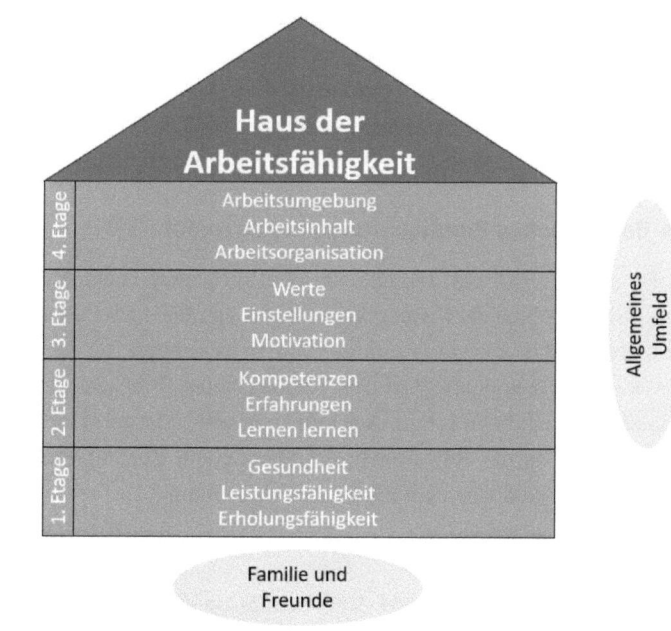

Abbildung 2: Haus der Arbeitsfähigkeit.
Modifikation durch Autorin nach Tempel/Ilmarinen 2013, S. 40 ff. zitiert nach Uhle/Treier 2015, S. 141.

2.3.2 Arbeitsunfähigkeit

Arbeitsunfähigkeit bei erwerbstätigen Personen ist durch den Gemeinsamen Bundesausschuss in der Arbeitsunfähigkeits-Richtlinie in § 2 Abs. 1 AU-RL (2016) folgendermaßen definiert worden:

„Arbeitsunfähigkeit liegt vor, wenn Versicherte auf Grund von Krankheit ihre zuletzt vor der Arbeitsunfähigkeit ausgeübte Tätigkeit nicht mehr oder nur unter der Gefahr der Verschlimmerung der Erkrankung ausführen können. Bei der Beurteilung ist darauf abzustellen, welche Bedingungen die bisherige Tätigkeit konkret geprägt haben. Arbeitsunfähigkeit liegt auch vor, wenn auf Grund eines bestimmten Krankheitszustandes, der für sich allein noch keine Arbeitsunfähigkeit bedingt, absehbar ist, dass aus der Ausübung der Tätigkeit für die Gesundheit oder die Gesundung abträgliche Folgen erwachsen, die Arbeitsunfähigkeit unmittelbar hervorrufen" (AU-RL 2016, S. 3).

Für die Beurteilung von Arbeitsunfähigkeit wird somit der Gesundheitszustand mit der ausgeübten Tätigkeit abgeglichen. Sollte diese Tätigkeit nicht mehr oder nur unter Gefahr der Verschlimmerung der Erkrankung ausgeübt werden können, besteht Arbeitsunfähigkeit. Ferner ist in § 5 Abs. 1 AU-RL (2016) festgelegt, dass Arbeitsunfähigkeit nur auf Grund ärztlicher Untersuchungen festgestellt werden darf (vgl. Gemeinsamer Bundesausschuss 2016, S. 5). Für die weitere Bearbeitung des Kernthemas BEM ist diese Definition von Arbeitsunfähigkeit die Grundlage.

2.4 Betriebliches Eingliederungsmanagement (BEM)

Im Folgenden wird ein detaillierter Überblick zum Themenkomplex BEM gegeben. BEM ist im ganzheitlichen Verständnis von BGM ein Teil von diesem. Weiterhin wird erklärt, was genau unter BEM zu verstehen ist, wer daran beteiligt ist und wann BEM genutzt wird. Die Vorteile eines BEM werden erläutert und abschließend wird die Ein- und Durchführung von BEM untersucht. Insbesondere in der Bearbeitung der Ein- und Durchführung von BEM finden sich Hinweise darauf, welchen Einflüssen ein BEM unterliegen kann.

2.4.1 Was ist BEM?

Im Jahr 2004 ist mit dem § 84 Abs. 2 des Sozialgesetzbuchs IX (SGB IX) (a. F.) die Pflicht des Arbeitgebers festgesetzt worden, Mitarbeitenden, die längerfristig oder immer wieder arbeitsunfähig erkrankt sind, behilflich zu sein, den Weg zurück in den Betrieb zu finden. Am 01.01.2018 ist die Reformstufe 2 des Bundesteilhabegesetzes in Kraft getreten. Das BEM ist jetzt in § 167 Abs. 2 SGB IX (2018), wie zuvor unter der Überschrift Prävention, verankert. Der Gesetzestext zu BEM hat sich mit dem 01.01.2018 nur unwesentlich verändert. Die in der alten Fassung genannten örtlichen gemeinsamen Servicestellen sind abgeschafft worden, da diese nicht wie geplant genutzt worden sind. Nun sollen anstelle der Servicestellen die Rehabilitationsträger direkt einbezogen werden. BEM ist zwar im SGB IX (2018) – Rehabilitation und Teilhabe von Menschen mit Behinderungen – geregelt, gilt aber für alle Arbeitnehmer, nicht nur für solche mit einer bereits bestehenden Behinderung. Die Überschrift Prävention macht deutlich, dass durch ein

BEM einer Verschlimmerung oder Chronifizierung einer Erkrankung und einer möglichen Behinderung entgegengewirkt werden soll. Der genaue Wortlaut des § 167 Abs. 2 SGB IX (2018) lautet wie folgt:

„Sind Beschäftigte innerhalb eines Jahres länger als sechs Wochen ununterbrochen oder wiederholt arbeitsunfähig, klärt der Arbeitgeber mit der zuständigen Interessenvertretung im Sinne des § 176, bei schwerbehinderten Menschen außerdem mit der Schwerbehindertenvertretung, mit Zustimmung und Beteiligung der betroffenen Person die Möglichkeiten, wie die Arbeitsunfähigkeit möglichst überwunden werden und mit welchen Leistungen oder Hilfen erneuter Arbeitsunfähigkeit vorgebeugt und der Arbeitsplatz erhalten werden kann (betriebliches Eingliederungsmanagement). Soweit erforderlich, wird der Werks- oder Betriebsarzt hinzugezogen. Die betroffene Person oder ihr gesetzlicher Vertreter ist zuvor auf die Ziele des betrieblichen Eingliederungsmanagements sowie auf Art und Umfang der hierfür erhobenen und verwendeten Daten hinzuweisen. Kommen Leistungen zur Teilhabe oder begleitende Hilfen im Arbeitsleben in Betracht, werden vom Arbeitgeber die Rehabilitationsträger oder bei schwerbehinderten Beschäftigten das Integrationsamt hinzugezogen. Diese wirken darauf hin, dass die erforderlichen Leistungen oder Hilfen unverzüglich beantragt und innerhalb der Frist des § 14 Absatz 2 Satz 2 erbracht werden. Die zuständige Interessenvertretung im Sinne des § 176, bei schwerbehinderten Menschen außerdem die Schwerbehindertenvertretung, können die Klärung verlangen. Sie wachen darüber, dass der Arbeitgeber die ihm nach dieser Vorschrift obliegenden Verpflichtungen erfüllt" (§ 167 Abs. 2 SGB IX 2018).

Der Arbeitgeber ist verpflichtet, Mitarbeitenden ein BEM anzubieten, die länger als sechs Wochen arbeitsunfähig erkrankt sind oder im letzten Zeitjahr durch wiederholte Arbeitsunfähigkeit dem Betrieb mehr als sechs Wochen gefehlt haben. Beteiligt am BEM sind neben dem Arbeitgeber die betroffene Person, die einem BEM zustimmen oder dies ablehnen kann, die zuständige Interessenvertretung, also – sofern vorhanden – Betriebs- oder Personalrat und bei Schwerbehinderten, die Schwerbehindertenvertretung. Wenn nötig, soll der Werks- oder Betriebsarzt hinzugezogen werden. Die betroffene Person soll nicht nur zur Zustimmung oder Ablehnung berechtigt, sondern am BEM-Verfahren beteiligt und im Vorfeld umfänglich informiert sein.

Der Datenschutz ist im BEM ein sehr relevantes Thema. Der Arbeitgeber sollte so viele Informationen wie nötig, aber so wenige wie möglich erhalten. Regelungen zu den persönlichen Daten sind bestenfalls zwischen Arbeitgeber und betroffener

Person genau abgestimmt. Die betroffene Person kann bei Unbehagen während eines BEM-Verfahrens die Zustimmung zurückziehen. Dann wäre dieses beendet.

BEM wird durchgeführt, um Möglichkeiten zu finden, die Arbeitsunfähigkeit zu überwinden und neuer Arbeitsunfähigkeit vorzubeugen. Der Arbeitsplatz soll erhalten werden. Außerdem ist der Arbeitgeber zuständig für das Hinzuziehen von Rehabilitationsträgern oder des Integrationsamts, wenn Leistungen von diesen in Betracht gezogen werden könnten.

Bisher werden für Arbeitgeber, die kein BEM durchführen, keine Sanktionen ausgesprochen, jedoch gilt bei einer krankheitsbedingten Kündigung das Ultima-Ratio-Prinzip. Das heißt, sollte ein Arbeitgeber eine krankheitsbedingte Kündigung aussprechen und kein BEM durchgeführt haben, muss er in einem arbeitsgerichtlichen Verfahren beweisen, dass auch eine ordentliche Durchführung eines BEM die krankheitsbedingte Kündigung nicht verhindert hätte (vgl. Bundesarbeitsgemeinschaft der Integrationsämter und Hauptfürsorgestellen (BIH) GbR o. J., o. S.). Die Interessenvertretungen und, im Falle schwerbehinderter Menschen, ebenso die Schwerbehindertenvertretungen können laut § 167 Abs. 2 SGB IX (2018) Klärung zum BEM verlangen und somit ein Stück weit über die Durchführung wachen.

Um sicherzugehen, alle Anforderungen des Gesetzes zu erfüllen, sollte die Bearbeitung jeder der folgenden Punkte gewährleistet sein:

(1) Erfassung der Arbeitsunfähigkeitszeiten, um potentielle Kandidaten ermitteln zu können.

(2) Kontaktaufnahme zum betroffenen Mitarbeitenden.

(3) Umfängliche Aufklärung über das BEM und die Abstimmung von Regelungen bezüglich der persönlichen Daten.

(4) Sicherstellung des Einverständnisses des betroffenen Mitarbeitenden, auch im Verlauf des BEM-Verfahrens.

(5) Dokumentation des BEM-Verfahrens unter Berücksichtigung der Regelungen zu den persönlichen Daten (Datenschutz).

(6) Planung von BEM-Maßnahmen und die Durchführung dieser in Zusammenarbeit mit dem betroffenen Mitarbeitenden, der Interessen- oder Schwerbehindertenvertretung, gegebenenfalls dem Werks- oder Betriebsarzt und externen Stellen, wie Dienstleistern oder Rehabilitationsträgern. Der Datenschutz wird während des gesamten Prozesses berücksichtigt (vgl. Hetzel et al. 2007, S. 26).

Ob ein BEM-Verfahren in einem Großunternehmen oder in einem Unternehmen, das den KMU zugeordnet wird, stattfindet, ist für die Erfüllung der gesetzlichen Vorschrift irrelevant. Die aufgeführten Aspekte müssen bei jedem BEM-Verfahren erfüllt werden. Erfolgreiche Realisierungen von BEM-Verfahren und der Erhalt von Arbeitsplätzen wären als positiv zu betrachten. Damit dies gelingt, ist die Beantwortung der Forschungsfrage nach den beeinflussenden Faktoren des BEM erforderlich. Auf Ansätze zu BEM-Systemen in Unternehmen und zur praktischen Durchführung wird an späterer Stelle in dieser Arbeit eingegangen. Zunächst werden die Vorteile von BEM aufgeführt.

2.4.2 Vorteile von BEM

Wie bereits erwähnt, soll ein BEM laut § 167 Abs. 2 SGB IX (2018) zum Ziel haben, die Arbeitsunfähigkeit zu überwinden, erneuter Arbeitsunfähigkeit vorzubeugen und den Arbeitsplatz zu erhalten. Darüberhinausgehend ergeben sich weiterhin Vorteile aus BEM.

2.4.2.1 Vorteile für die betroffene Person

Eine längere Arbeitsunfähigkeit durchleiden zu müssen, ist für die betroffene Person keine einfache Lebensphase. Neben der eigentlichen Erkrankung kommen häufig Zukunftsängste auf. In vielen Fällen sind Unterstützungsangebote, wie zum Beispiel ein sinnvoll geplantes und ablaufendes BEM, hilfreich. Der erkrankte Mitarbeitende hat im BEM mit seinem Arbeitgeber oder der zuständigen Person für das BEM einen Ansprechpartner, mit dem die aufkommenden Fragen besprochen werden können. Nützlich ist dies zum Beispiel bei der Beantragung etwaiger Rehabilitationsmaßnahmen (vgl. Hetzel et al. 2007, S. 11 ff.).

Eine offene Kommunikation findet statt, in der auch Probleme, wie Überforderung am Arbeitsplatz, diskutiert werden können. Somit kann die Möglichkeit geprüft werden, die zukünftigen Arbeitsbedingungen so anzupassen, dass der Mitarbeitende die dann zugetragenen Arbeiten ohne gesundheitliches Risiko ausführen kann. An die Tätigkeit kann er langsam, beispielsweise im Rahmen einer stufenweisen Wiedereingliederung, herangeführt werden. Zum einen wird so der Gesundheitszustand für die Zukunft gesichert und der Arbeitsplatz erhalten. Eine drohende Arbeitslosigkeit wegen gesundheitlicher Einschränkungen kann abgewendet werden. Zum anderen kann durch ein BEM die Arbeit oft schneller wieder voll aufgenommen werden. So erhält der Mitarbeitende früher wieder sein volles Gehalt und nicht mehr eine geringere Entgeltersatzleistung, wie beispielsweise Krankengeld (vgl. Hetzel et al. 2007, S. 11 ff.).

2.4.2.2 Vorteile für das Unternehmen

Auch für den Arbeitgeber birgt das BEM Vorteile. Wenn eine BEM-Maßnahme zielgerecht durchgeführt wird und gelingt, ist wahrscheinlich, dass die jeweiligen Mitarbeitenden in Zukunft geringere Arbeitsunfähigkeitszeiten aufweisen. Somit reduzieren sich Entgeltfortzahlungskosten und Produktionsausfall oder Einarbeitungskosten für Ersatzkräfte. Die Kosten eines BEM dagegen sind planbarer und kalkulierbarer (vgl. ebd.).

Des Weiteren hält der Arbeitgeber ältere Mitarbeitende, die ohne ein BEM eventuell den Betrieb verlassen müssten, und deren fachliches Know-how im Unternehmen. Gerade in Zeiten des demografischen Wandels und Fachkräftemangels ist dies bedeutend. Genauso bedeutend ist es, attraktiv für (neue) Arbeitnehmer zu sein und zu bleiben sowie die Mitarbeiterzufriedenheit zu halten oder zu erhöhen. Dazu kann ein gutes BEM, am besten integriert in einem BGM, beitragen. Darüber hinaus sorgt der Arbeitgeber für den denkbaren Fall einer krankheitsbedingten Kündigung für Rechtssicherheit (vgl. ebd.).

Im Übrigen haben die Rehabilitationsträger und die Integrationsämter die Handhabe, Arbeitgebern, die ein betriebliches Eingliederungsmanagement einführen, durch Prämien oder einen Bonus zu fördern (vgl. § 167 Abs. 3 SGB IX 2018). Somit besteht die Möglichkeit, Prämien zu beantragen, wenn in einem Unternehmen ein ausgesprochen gutes BEM-System eingeführt worden ist (vgl. ebd.).

2.4.2.3 Vorteile für die Gesellschaft

Die Höhe des gesellschaftlichen Nutzens oder des volkswirtschaftlichen Nutzens von BEM ist schwer zu bewerten, da BEM sehr viele Bereiche berührt: den Arbeitgeber, den Arbeitnehmer, die Sozialversicherungen, die Familienmitglieder von Langzeiterkrankten, Rehabilitationseinrichtungen und viele weitere. Aufgrund von durchschnittlich kürzeren Arbeitsunfähigkeitsdauern durch BEM kann jedoch ein positiver gesellschaftlicher Nutzen, wie beispielsweise verkürzte Entgeltersatzleistungs- oder Rentenzahlungen oder Verringerung von Ausfall an Bruttowertschöpfung, angenommen werden.

2.4.2.4 Vorteile für ein BGM

Im Rahmen von BEM-Maßnahmen können häufig Erkenntnisse über eventuelle Verbesserungspotentiale im Unternehmen gewonnen werden. Infolgedessen können aus den individuellen Maßnahmen Einsichten für das Kollektiv erlangt und somit in einem BGM genutzt werden. Die Eingliederung eines BEM in ein BGM ist aus doppelter Sicht förderlich. Tätigkeiten im Rahmen von BGM können präventiv Arbeitsunfähigkeit und somit BEM-Fälle vermindern. Sie können ferner, wenn geeignet, in eine individuelle BEM-Maßnahme eingebaut werden. BEM-Maßnahmen dagegen können Hinweise für das BGM geben.

2.4.3 Einführung von BEM-Strukturen

In § 167 Abs. 2 SGB IX (2018) ist lediglich die Durchführung von BEM-Maßnahmen gefordert. Die Integration von systematischen BEM-Strukturen oder BEM-Standards in Unternehmen ist gesetzlich nicht verpflichtend. Dennoch sind BEM-Systeme zur erfolgreichen Umsetzung eines BEM zweckmäßig (vgl. Hetzel et al. 2007, S. 15 ff.; vgl. Huber 2014, S. 59 ff.). Damit diese BEM-Systeme zu erfolgreichen BEM-Maßnahmen führen, stellt die Untersuchung beeinflussender Faktoren den Forschungsgegenstand dieser Arbeit dar.

Wird ein BEM-System eingeführt, ist unumgänglich, dass Betriebsführung (vgl. Jastrow et al. 2010, S. 136; S. 161) und Interessenvertretungen[6] involviert sind, hinter dem Vorhaben stehen und BEM verstehen. Diese Parteien repräsentieren für die spätere Durchführung wichtige Ansprechpartner. Bei der Implementierung ist zu beachten, dass die Mitarbeitenden von vornherein informiert werden und um die Einführung und das Verfahren wissen. Eine Grundvoraussetzung eines funktionierenden BEM ist laut Niehaus et al. Vertrauen (vgl. Niehaus et al. 2008, S. 77 ff.). Dieses kann durch Transparenz, im Sinne von Nachvollziehbarkeit des Vorgehens in einem BEM-Fall, gefördert werden. Durch festgelegte und kommunizierte Regeln zum BEM können gemäß Hetzel et al. die Nachvollziehbarkeit und Nutzenklarheit (vgl. Hetzel et al. 2007, S. 62) unterstützt werden. Diese Regeln können von Führungskräften und Interessenvertretungen in Zusammenarbeit mit Mitarbeitenden erstellt werden (ebd., S. 57). Solch eine Partizipation erhöht nicht nur die Transparenz des BEM, auch stärkt sie die Akzeptanz in der Belegschaft (vgl. Hetzel et al. 2007, S. 57). Dienlich ist, die Regeln zum BEM zu einer klaren Prozessbeschreibung weiterzuentwickeln, die jedoch nicht starr ist, sondern auf die individuellen Bedürfnisse eines BEM-Kandidatens angepasst werden kann (vgl. ebd.; vgl. Jastrow et al. 2010, S. 135). In Betrieben mit einem Betriebs- oder Personalrat das Aushandeln einer Betriebsvereinbarung zu diesen Regeln oder einer Prozessbeschreibung sinnig (vgl. Hetzel et al. 2007, S. 58).

---

[6] Im Folgenden sind die möglichen Schwerbehindertenvertretungen in „Interessenvertretungen" eingeschlossen.

Hetzel et al. beschreiben, dass wichtige Aspekte der Regeln zu BEM sein sollten, die Freiwilligkeit und die Selbstbestimmtheit der betroffenen Person zu betonen und diese bereits bei der Einführung des BEM-Systems zu kommunizieren (vgl. ebd.). Sollten die Arbeitnehmer Ängste haben, beispielsweise vor arbeitsrechtlichen Konsequenzen bei Ablehnung des BEM, oder sollten Unsicherheiten zum Umgang mit ihren Daten aufkommen, könnte erfolgreiches BEM gehemmt werden (vgl. ebd., S. 58 f.). Der Datenschutz ist im BEM elementar. Den Mitarbeitenden sollte ausführlich erklärt werden, was mit Ihren Daten geschieht (vgl. Huber 2014, S. 70).

Bezogen auf die praktische Umsetzung sollte ein Verfahren zur Datenerfassung bestehen, um potentielle BEM-Kandidaten zu identifizieren (vgl. Jastrow et al. 2010, S. 136). Weiterhin sind klare Rollenverteilungen vorteilhaft. Ein konkreter, vertrauenswürdiger Ansprechpartner sollte im Unternehmen benannt werden. Diese Person sollte im Kollegium angesehen sein und die Zeit und das fachliche Wissen besitzen, sich dieser Aufgabe angemessen widmen zu können. Die Qualifikationen dazu können beispielsweise durch Schulungen und Fortbildungen vermittelt werden (vgl. Hetzel et al. 2007, S. 50 f.).

Wenn im Betrieb die Grundlage für BEM geschaffen worden ist, ist es gerade für KMU wertvoll, Netzwerke aufzubauen und/oder externe Dienstleister, wie Rehabilitationseinrichtungen oder freiberufliche Disability Manager[7], einzubeziehen (vgl. Hetzel et al. 2007, S. 56; vgl. Jastrow et al. 2010, S. 161). Häufig fehlen in kleineren Unternehmen die Ressourcen zur Durchführung eines systematischen BEM. Externe Partner können unterstützend wirken. Zugleich kann der Werks- oder Betriebsarzt ein gewinnbringender Netzwerkpartner sein. In KMU besteht vielfach zudem ein Informationsdefizit zu BEM (vgl. Jastrow et al. 2010, S. 137), welches die Durchführung behindert. Daraus resultiert eine Überforderung, die durch frühzeitige Inanspruchnahme der Kompetenzen externer Partner ein Stück weit überwunden werden kann (vgl. ebd., S. 173). Zu erwähnen ist, dass ein solch systematisches Vorgehen im BEM für viele Unternehmen, auch für KMU, geeignet und auch möglich ist (vgl. BMAS 2018: o. S.), jedoch sehr kleine Betriebe oftmals kein BEM-System einführen, da dies sich ökonomisch nicht lohnt (vgl. ebd., S. 137). Dieses Argument ist verständlich, da gegebenenfalls niemals ein BEM-Fall

---

[7] Ein Disability Manager begleitet häufig Prozesse des BEM. Durch seine Zusatzausbildung besitzt ein Disability Manager umfangreiche Kenntnisse in verschiedensten Wissensbereichen, die für BEM nötig oder hilfreich sind.

auftreten wird. Kleine Organisationen, in denen es eher familiär zugeht, sind meist in der Lage, einen möglichen BEM-Fall als Einzelfall ganz individuell zu bearbeiten und somit die betroffene Person zu unterstützen.

2.4.4 Durchführung eines BEM-Verfahrens

Wie schon erwähnt, ist es wirksam, eine Regelübersicht oder eine Prozessbeschreibung für die Situation eines BEM-Falls einzuführen, die den Mitarbeitenden offen kommuniziert wird. Im Folgenden soll dazu ein Vorschlag gemacht werden (vgl. Abbildung 3), der die gesetzlichen Anforderungen berücksichtigt und zum Erfolg der BEM-Maßnahme beitragen soll.

Nachdem durch eine strukturelle Datenerfassung ein potentieller BEM-Kandidat aufgrund der Arbeitsunfähigkeitszeiten identifiziert worden ist, sollte mit diesem Kontakt aufgenommen werden. Ob zunächst eine Einladung zu einem Gespräch postalisch versendet oder der Arbeitnehmer direkt angesprochen wird, ist vom Einzelfall abhängig und hat jeweils sowohl Vor- wie auch Nachteile. Das zentrale Ziel der ersten Kontaktaufnahme sollte immer die lückenlose Information zu BEM und der Aufbau von Vertrauen sein. Dazu sollte die Freiwilligkeit betont werden. Der Arbeitgeber sollte zeigen, dass er dem Mitarbeitenden positiv gegenübersteht und diesen unterstützen möchte (vgl. Hetzel et al. 2007, S. 69; vgl. Huber 2014, S. 64).

Stimmt der Arbeitnehmer nach der ersten Kontaktaufnahme dem BEM zu, können die Ausgangslage analysiert und konkrete Maßnahmen sowie Lösungsansätze besprochen werden. Wichtig ist in dieser Phase, dass der Arbeitnehmer sich nicht übergangen fühlt. Die weiteren Schritte sollten zusammen mit ihm als Experten geplant werden. Die Interessenvertretung sollte an diesen Gesprächen ebenfalls beteiligt sein – es sei denn, der Arbeitnehmer lehnt deren Anwesenheit ausdrücklich ab. Sollte für die Planung von Maßnahmen weitere Expertise von externen Partnern benötigt werden, kann und sollte diese zeitnah hinzugezogen werden (vgl. Hetzel et al. 2007, S. 71 ff.; vgl. Huber 2014, S. 64).

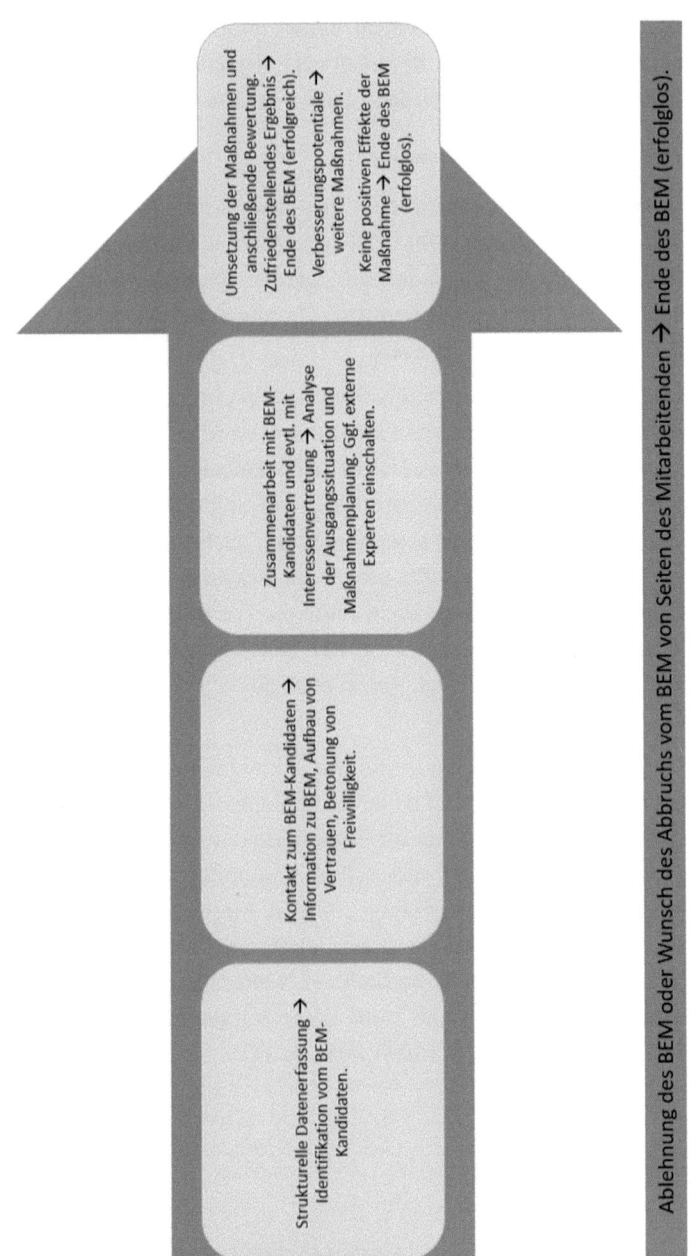

Abbildung 3: Vorschlag zum BEM-Prozess.
Eigene Darstellung nach Hetzel et al. 2007, S. 68 ff. und nach Huber 2014, S. 64.

Wenn sich der Beschäftigte weiterhin mit der Fortsetzung des BEM einverstanden zeigt, folgt im Idealfall sofort die Umsetzung der Maßnahmen und deren Bewertung. Sind am Ende dieser Maßnahmen alle Beteiligten zufrieden mit dem Ergebnis, ist das BEM erfolgreich abgeschlossen. Sollten noch Entwicklungsmöglichkeiten bestehen, können weitere Maßnahmen besprochen und durchgeführt werden. Haben die Maßnahmen keinen positiven Effekt erzielt, wird das BEM als gescheitert beendet (vgl. Hetzel et al. 2007, S. 76 f.; vgl. Huber 2014, S. 64).

In allen Phasen der BEM-Schritte ist der Mitarbeitende berechtigt, das BEM abzulehnen oder abzubrechen. Tritt dies ein, ist das BEM an dieser Stelle erfolglos zu beenden (vgl. Huber 2014, S. 64).

In der Durchführung der konkreten, individuellen BEM-Maßnahme lassen sich, wie auch in der Einführung eines BEM-Systems, Einflüsse auf das BEM ermitteln. Im Verlauf dieser Arbeit sollen durch das Zusammentragen der Ergebnisse von Studien Faktoren, die auf ein BEM in KMU wirken, benannt und belegt werden.

3 Methodik

Im weiteren Fortgang wird das konkrete Vorgehen der systematischen Literaturrecherche erklärt. Die Operationalisierung der Fragestellung, die genutzten Suchbegriffe und die Datenbanken werden geschildert. Zudem wird die Studienauswahl unter Einbeziehung der Ein- und Ausschlusskriterien dargestellt.

3.1 Suchstrategie

Da diese Arbeit auf einer systematischen Literaturrecherche basiert, ist die Fragestellung operationalisiert worden. Die Suchbegriffe sowie die entsprechenden Operatoren sind festgelegt und teilweise durch Schlagwörter ergänzt worden. Darüber hinaus sind zur Studienauswahl Ein- und Ausschlusskriterien definiert worden. Die Ein- und Ausschlusskriterien werden im weiteren Verlauf noch beschrieben.

Die systematische Literaturrecherche ist sensitiv durchgeführt worden (vgl. Nordhausen/Hirt 2019, S. 11). Die Fragestellung ist nach dem PICo-Schema operationalisiert worden. P steht hierbei für Population, I für Phenomen of Interest und Co für Context (vgl. verschiedene Autoren o. J., o. S. zitiert nach Nordhausen/Hirt 2019, S. 16). Nach diesem Schema sind die Suchbegriffe systematisch festgelegt worden. Für die Population sind die Suchbegriffe (klein und mittelbetriebe), (KMU), (SME), (small and medium-sized), (kleinbetrieb), (mittelbetrieb), (kleinunternehmen) sowie (mittlere unternehmen) gewählt worden, da die Fragestellung auf BEM in kleinen und mittleren Unternehmen abzielt. Diese Suchbegriffe sind mit dem Operator OR verbunden worden. Für I sind die Suchbegriffe (betriebliches eingliederungsmanagement), (BEM), (langzeiterkrank*), (langzeitarbeitsunfähig*), (rückkehr*), (fehlzeit*), (company integration management), (return to work), (stay at work), (disability management), (leistungen zur teilhabe am arbeitsleben) und (benefits for participation in working life) festgesetzt worden, die auch mit dem Operator OR verbunden worden sind. Diese Begriffe können alle mit einem BEM einhergehen. Weiterhin sind die Suchbegriffe (SGB), (deutschland) und (germany) dem Kontext zugeordnet. Auch diese sind mit OR verbunden worden und sollen sicherstellen, dass lediglich Studien, die das BEM-Verfahren nach dem SGB IX beachten, berücksichtigt werden. Die Suchbegriffe zu P, I und Co sind dann mit dem Operator AND verbunden worden. Die systematische Literaturrecherche ist in den Datenbanken PsycINFO, Pubmed, sowie LIVIVO durchgeführt worden. Die vollständige Suchformel lautet: ((betriebliches eingliederungsmanagement) OR (BEM) OR (langzeiterkrank*) OR (langzeitarbeitsunfähig*) OR (rückkehr*) OR (fehlzeit*) OR (com-pany integration management) OR (return to work) OR (stay at work) OR (disability management) OR (leistungen zur teilhabe am arbeitsleben) OR (be-nefits for participation in working life)) AND ((klein und mittelbetriebe) OR (KMU) OR (SME) OR (small and medium-sized) OR (kleinbetrieb) OR (mittelbetrieb) OR (kleinunternehmen) OR (mittlere unternehmen)) AND ((SGB) OR (deutschland) OR (germany)). In der Datenbank Pubmed sind zusätzlich zu den Suchbegriffen entsprechende vordefinierte Schlagwörter (MesH Terms) zugeordnet worden. Diese heißen (return to work) und (small business). In LIVIVO sind zwei verschiedene Suchen durchgeführt worden. Suche (a) hat aus den bereits genannten Suchbegriffen bestanden, Suche (b) lediglich aus den deutschsprachigen Suchbegriffen. Zudem sind die Begriffe (SGB), (deutschland) und (germany) ausgeschlossen worden. Die beiden Suchen haben leicht unterschiedliche Ergebnisse hervorgebracht. In allen Datenbanken sind die Ergebnisse auf die aktuellsten der letzten zehn Jahre begrenzt worden. Die Suche bei PsycINFO hat einen Treffer ergeben, bei Pubmed hat sie vier Treffer ergeben und bei LIVIVO hat die Suche (a) 40 Treffer und die Suche (b) 52 Treffer ergeben. Die Datenbankrecherche ist letztmalig am 03.06.2019 durchgeführt worden. Der vollständige Suchverlauf ist ausführlich in Tabelle 7 im Anhang dargestellt.

3.2 Studienauswahl

Bei den insgesamt 97 Treffern ist eine Titelsichtung vorgenommen worden, woraufhin 78 Studien aufgrund eines nicht entsprechenden Titels ausgeschlossen worden sind. Danach sind neun doppelte Artikel entfernt worden. Infolgedessen sind die Abstracts von zehn Artikeln gemäß den zuvor festgelegten Ein- und Ausschlusskriterien gesichtet worden. Zu den Einschlusskriterien zählen: das Themenfeld BEM nach dem SGB IX soll berücksichtigt werden, kleine und mittlere Unternehmen sollen betrachtet werden und Faktoren für Erfolg beziehungsweise Misserfolg eines BEM sollen untersucht werden. Das Kriterium des BEM nach dem SGB IX ist relevant, da die Beantwortung der Fragestellung Aspekte des BEM in Deutschland und keine internationalen Lösungen zu BEM oder return-to-work beinhalten soll. Zu beachten ist, dass BEM auch als ein Teil von BGM oder Gesundheitspolitik in einem Unternehmen gesehen werden kann. Ist zu erkennen, dass BEM berücksichtigt wird, ist das Einschlusskriterium erfüllt. Das Kriterium der kleinen und mittleren Unternehmen schließt Großunternehmen oder große Konzerne aus, welche keinen Inhalt der Forschungsfrage darstellen. Das Kriterium der Faktoren für Erfolg beziehungsweise Misserfolg eines BEM ist wichtig, damit nicht lediglich darstellende Studien beispielsweise zum Umsetzungsstand vom BEM in die Bearbeitung eingehen. Zu den Ausschlusskriterien gehören dementsprechend: BEM oder return-to-work im internationalen Vergleich, Betrachtung von Großunternehmen oder großen Konzernen und eine ausschließliche Beschreibung des Umsetzungsstands. Nach abgeschlossener Sichtung der Abstracts sind sechs Artikel entfernt worden. Daher ist die Volltextanalyse gemäß der Ein- und Ausschlusskriterien von vier Artikeln erfolgt, wobei drei Artikel den Ein- und Ausschlusskriterien entsprochen haben. Der ausgeschlossene Artikel hat sich lediglich mit einer Bestandsaufnahme und nicht mit Faktoren für Erfolg oder Misserfolg befasst. Demnach sind insgesamt drei Artikel für diese Arbeit analysiert worden. Der vollständige Ablauf der Studienauswahl ist in einem Flussdiagramm in Abbildung 4 dargestellt.

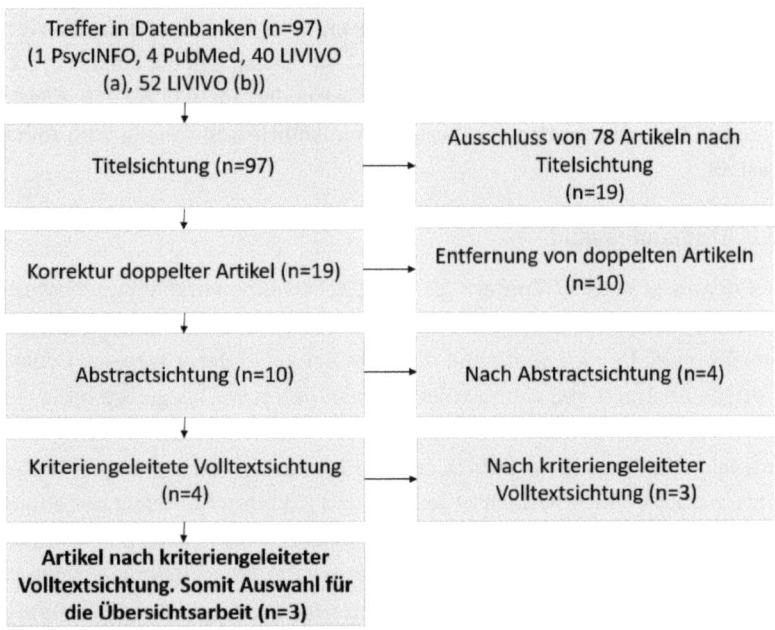

Abbildung 4: Flussdiagramm Studienauswahl.
Eigene Darstellung.

4 Ergebnisse

Einleitend erfolgt nun die Vorstellung wesentlicher Merkmale der ausgewählten Studien. Hierbei werden zunächst die Studiendesigns, die Stichproben sowie die Ziele der Studien beschrieben.

Bei den drei ausgewählten Studien von Köpke (2011), Ramm et al. (2012) und Ohlbrecht et al. (2018) handelt es sich in allen Fällen um qualitative Studiendesigns. Bei Köpke (2011) sind zunächst Rechtsgrundlagen zusammengestellt und daraufhin Befragungen von Unternehmen vorgenommen worden (vgl. Köpke 2011, S. 21 f.). 30 vorwiegend kleine und mittlere Unternehmen aus Hamburg, Mecklenburg-Vorpommern und Schleswig-Holstein sind zu gesetzlichen Bestimmungen zur Gesundheit im Arbeitskontext befragt worden. Die Gesprächspartner sind in erster Linie Betriebsinhaber, Personalverantwortliche oder andere in Gesundheitsthemen involvierte Personen gewesen (vgl. ebd., S. 103). Das Alter der Studienteilnehmenden ist nicht benannt worden. Das Ziel dieser Studie hat darin bestanden, einen Abgleich zwischen gesetzlichen Be-stimmungen für Gesundheitsschutz oder Erwerbsfähigkeitserhalt und den praktischen Erfahrungen vorzunehmen sowie daraus Empfehlungen zu entwickeln (vgl. ebd., S. 21). Eines der konkreten Einzelthemen hat BEM behandelt. Zudem sind fördernde und hemmende Faktoren bezogen auf die Umsetzung von Gesundheitsmaßnahmen erfragt worden (vgl. ebd., S. 106 ff.). Auch Ramm et al. (2012) haben zunächst eine wissenschaftliche Recherche durchgeführt und haben mit 38 Experteninterviews darauf aufgebaut. Neben einem standardisierten Leitfaden ist mit weiteren ausdifferenzierten Leitfäden gearbeitet worden, welche die konkrete Rolle des Experten berücksichtigt haben. Die Grounded Theory[8] ist bei der Auswertung der Interviews zu Grunde gelegt worden (vgl. Ramm et al. 2012, S. 12). Die Interviewten sind entweder an BEM beteiligt oder persönlich betroffen gewesen. Im Mittelpunkt der Studie haben Klein- und Mittelbetriebe des Handwerks gestanden. Befragt worden sind sowohl außerbetriebliche wie auch innerbetriebliche Akteure. Teilnehmende außerbetriebliche Akteure sind Sozialleistungsträger und Leistungserbringer gewesen. Zu den betrieblichen Akteuren haben Arbeitgeber kleinerer und mittlerer Handwerksbetriebe und ambulanter Pflegeeinrichtungen gezählt, erkrankte Arbeitnehmer, Betriebsärzte sowie betriebliche Interessenvertreter und ergänzend Fachkräfte für Arbeitssicherheit (vgl. ebd., S. 11 f.). Zum Alter

---

[8] Die Grounded Theory ist ein sozialwissenschaftlicher Forschungsansatz für die qualitative Forschung (vgl. Glaser/Strauss 1967, o. S. zitiert nach Kelle 2008, S. 43).

der Befragten sind keine Angaben gemacht worden. Erwähnenswert ist laut den Autoren, dass im Rahmen der Studie nur wenige betriebliche Interessenvertreter und erkrankte Beschäftigte erreicht worden sind. Hier bestehe weiterer Forschungsbedarf (vgl. Ramm et al. 2012., S. 12). Ein definiertes Ziel dieser Studie hat die Erforschung von Anforderungen, die sich aus dem BEM nach dem SGB IX für Betriebe, Dienste und Einrichtungen der Rehabilitation sowie für Sozialleistungsträger ergeben, dargestellt. Weiterhin sind Voraussetzungen für eine effektive Umsetzung des BEM bei kleinen und mittleren Unternehmen untersucht und zusammengefasst worden (vgl. Ramm et al. 2012, S. 10). Ohlbrecht et al. (2018) sind „einem multiperspektivischen, qualitativen Forschungsde-sign" (Ohlbrecht et al. 2018, S. 157) gefolgt. Im Fokus hat die Erhebung von 40 retrospektiven Interviews gestanden. Es sind Erfahrungen von Arbeitnehmern ermittelt worden, die unterschiedliche Varianten des BEM durchlaufen haben. Die Gruppe der befragten Arbeitnehmer hat aus 18 Männern und 22 Frauen bestanden und ist unterschiedlichen Alters gewesen (Altersstruktur: sieben Personen < 35 Jahren, 20 Personen ≤ 35-55 Jahren, 13 Personen > 55 Jahren). 25 Personen haben in KMU gearbeitet und 15 in Großunternehmen. Mitarbeitende aus mehreren Branchen sind befragt worden. Zudem haben verschiedene Erkrankungen bei den Mitarbeitenden zu Grunde gelegen. Auch in dieser Studie sind betriebliche sowie überbetriebliche Akteure befragt worden: Zusätzlich zu den Arbeitnehmern sind 21 Experten, zum Beispiel Unternehmende, Betriebsräte, Schwerbehindertenvertretungen, das Integrationsamt, Berufsförderungswerke, Institutionen des Sozialversicherungssystems und Servicestellen befragt worden. Die Auswertung aller Interviews ist der Heuristik der Fallrekonstruktion[9] gefolgt und wie auch bei Ramm et al. (2012) der Forschungsstrategie der Grounded Theory (vgl. ebd., S. 158 f.). Das Ziel dieser Studie ist die Beantwortung der Frage nach Bedingungen und Faktoren gewesen, die auf BEM-Prozesse in KMU Einfluss nehmen und zum Gelingen beitragen oder diese hemmen. Des Weiteren ist die Optimierung der Ausgestaltung von BEM, insbesondere in KMU, ebenso untersucht worden wie die Frage, ob Erfahrungen mit BEM zur Entwicklung früher ansetzender präventiver Maßnahmen zur Sicherung der Beschäftigungsfähigkeit genutzt werden können (vgl. ebd., S. 158). Eine Übersicht relevanter Informationen zu den Studien ist in Tabelle 2 zusammengestellt. Ausführliche Tabellen sind im Anhang (Tabelle 8 bis 10) zu finden.

---

[9] Die Fallrekonstruktion ist ein Instrument der Sozialwissenschaft für die qualitative Forschung (vgl. Fabel-Lamla/Tiefel 2003, S. 189 ff.).

Erstautor/ Erstautorin, Publikationsjahr	Studienort	Studientyp	Erhebungszeitraum	Fallzahl	Ziel
Köpke, 2011	Norddeutschland: Mecklenburg-Vorpommern und Schleswig-Holstein, in Hamburg.	Qualitatives Design: Recherche von Rechtsgrundlagen sowie von Praxisbeispielen einzelner Sozialversicherungsträger und im Verbund kooperierender Träger und Befragung von 30 KMU.	Recherche zu den rechtlichen und organisatorischen Grundlagen 2008/2009. Bestandserhebung des Leistungskatalogs der Sozialversicherungsträger und der staatlichen Arbeitsschutzpolitik sowie die Befragung der Betriebe: Sommer 2007 bis Winter 2007/2008 (Gespräche: Juli 2007 bis März 2008).	30 Betriebe (KMU) in Hamburg, Mecklenburg-Vorpommern und Schleswig-Holstein (10 pro Land).	- Die Wirkung der sozialen Sicherung auf die Gesundheit Beschäftigter in den Betrieben und die dazugehörigen gesetzlichen Instrumente prüfen. - Gesamtkomplex von Erwerbsfähigkeit näher untersuchen.
Ramm et al., 2012	Deutschland	Qualitatives Design: Verknüpfung von wissenschaftlicher Recherche und qualitativ empirischer Methode (leitfadengestützte Interviews).	Projektzeitraum des Projekts, auf dem die Studie basiert: 1.1.2009–31.8.2010.	38 Experteninterviews.	- Untersuchung von Anforderungen, die sich aus § 84 SGB IX (2004) für Betriebe etc. ergeben. - Ermittlung von Voraussetzungen für eine effektive Umsetzung des BEM bei KMU.

Ergebnisse

Ohlbrecht et al., 2018	Deutschland	Multiperspektivisches, qualitatives Forschungsdesign: Erhebung von 40 retrospektiven Interviews und Expertenbefragungen	Keine Angabe.	40 Arbeitnehmer und 21 Experten.	- Frage nach grundlegenden Bedingungen und Faktoren die auf BEM-Prozesse in KMU Einfluss nehmen und zu einem Gelingen beitragen oder sie hemmen.

Eigene Darstellung nach Köpke (2011), Ramm et al. (2012) und Ohlbrecht et al. (2018).

Tabelle 2: Studienübersicht.

4.1 Soziale Erfolgsfaktoren

In diesem Abschnitt werden die in den Studien ermittelten Erfolgsfaktoren für ein BEM in KMU aufgeführt, die mehr dem sozialen und weniger dem strukturellen Bereich zugeordnet werden können. Am Ende dieser Ausführungen findet sich eine zusammenfassende Übersicht zu den sozialen Erfolgsfaktoren in Tabelle 3.

Köpke (2011) hat sich in Frage 8 seiner Erhebung nach Umständen erkundigt, die die Umsetzung und Anwendung von Vorgaben des Gesundheits- und Arbeitsschutzes (vgl. Köpke 2011, S. 109), zu denen das BEM hinzuzählt, erleichtern beziehungsweise hemmen. Die Grundlage für einen funktionierenden Gesundheits- und Arbeitsschutz ist demnach eine „positive Grundauffassung" (ebd., S. 110). Genannt worden ist in diesem Zusammenhang, dass die Gesundheit der Beschäftigten ein hohes Gut ist und eines Schutzes bedarf (vgl. ebd.). Auch Ramm et al. (2012) haben festgestellt, dass – zumindest in der Auffassung der befragten Rehabilitationsanbieter und Sozialleistungsträger (vgl. Ramm et al. 2012, S. 13) – die Einstellung und die Vorbildfunktion der Unternehmensleitung für BEM bedeutend sind (vgl. ebd.). Arbeitnehmer und Arbeitgeber haben bekräftigt, dass das Betriebsklima in Verbindung mit der erfolgreichen Ein- und Durchführung von BEM steht. Insbesondere in einem positiven Betriebsklima kann ein BEM gelingen (vgl. ebd.). Ohlbrecht et al. (2018) haben Vergleichbares identifizieren können. „Wenn das Unternehmen durch eine Kultur der Achtsamkeit und der vertrauensvollen Kooperation geprägt ist" (Ohlbrecht et al. 2018 et al., S. 160), ist wahrscheinlich, dass BEM-Prozesse funktionieren. Vorteilhaft für konkrete BEM-Maßnahmen ist zudem eine offene und positive Beziehung zwischen den am BEM-Verfahren Beteiligten und den Mitarbeitenden (vgl. ebd.). Die Unternehmenskultur beeinflusst die Bereitschaft des Arbeitnehmers, sich über die bestehende Situation mit dem Arbeitgeber auszutauschen (vgl. ebd.). In der Darstellung der Ergebnisse von Köpke (2011) ist zudem exemplarisch aufgeführt worden, dass das Vertrauen des Arbeitnehmers in das Beschäftigungsverhältnis vorhanden sein sollte (vgl. Köpke 2011, S. 110). Sofern ein Arbeitnehmer über Vertrauen zu einem Betriebsarzt verfügt, kann die Einschaltung von diesem vorteilhaft sein (vgl. Ramm et al. 2012, S. 15). Betriebsärzte können als „Koordinator[en] und Berater" (ebd.) auftreten und die weitere Beschäftigungsfähigkeit durch arbeitsmedizinische Untersuchungen beurteilen (vgl. ebd.).

Darüber hinaus haben Ramm et al. (2012) bereits durchgeführte, gelungene BEM-Verfahren in KMU als „motivierende positive Verstärker" (Ramm et al. 2012, S. 13) für weitere Mitarbeitende und deren Einstellung zu BEM benannt. Dadurch, dass insbesondere in KMU der persönliche Kontakt zwischen den Mitarbeitenden intensiv ist und ein Zusammengehörigkeitsgefühl besteht, können wirksame BEM-Verfahren eine „positive Reaktion bei anderen Beschäftigten auslösen" (ebd.).

Das soziale Netz der Arbeitnehmer kann laut Ohlbrecht et al. (2018) ebenso auf das Gelingen einer BEM-Maßnahme Einfluss nehmen. Ist dieses stabil und positiv, kann es einen Erfolgsfaktor darstellen (vgl. Ohlbrecht et al. 2018, S. 161). Außerdem können angenehme Beziehungen und angemessene Kommunikation am Arbeitsplatz, auch ganz konkrete Kommunikation über BEM-Maßnahmen, vorteilhaft für diese sein (vgl. ebd.). Für das eigene Gesundheitsgefühl und auch für das Erbringen von Leistung sind soziale Bindungen zentral (vgl. ebd.).

Bei Ohlbrecht et al. (2018) sind ferner biographisch angelegte Faktoren aufgeführt worden. Biographisch angelegte Faktoren beinhalten innere Wertvorstellungen und Haltungen zu BEM, die sich aus Erfahrungen entwickelt haben (vgl. ebd., S. 159). In diesem Zusammenhang ist beschrieben worden, dass ein BEM von Führungskräften eher positiv vermittelt wird oder werden kann, wenn diese durch frühere Erfahrungen die Hoffnung haben, dass sich die Energie, die sie in ein BEM investieren, lohnen wird und die Mitarbeitenden weiterhin einer Beschäftigung im Unternehmen nachkommen können und nicht ausgetauscht werden müssen (vgl. ebd.). Wenn Führungskräfte beispielsweise selbst bereits mit Krankheit oder der Gefahr der Minderung der Beschäftigungsfähigkeit Kontakt hatten, kann dies dazu beitragen, dass diese das Thema Gesundheit am Arbeitsplatz und BEM als besonders relevant betrachten. Dies kann dazu führen, dass die Führungskräfte es als Aufgabe sehen, den Mitarbeitenden zu helfen und Unterstützung zu BEM intern und extern suchen. Auch bei den Arbeitnehmern spielen in der Vergangenheit gemachte Erfahrungen eine Rolle bei der Einstellung zum und auch bei dem möglichen Erfolg eines BEM (vgl. ebd.).

Erstautor/ Erstautorin, Publikationsjahr	Soziale Erfolgsfaktoren
Köpke, 2011	positive Grundauffassung, - Vertrauen des Arbeitnehmers in das Beschäftigungsverhältnis.
Ramm et al., 2012	Einstellung und Vorbildfunktion der Unternehmensleitung, - gutes Betriebsklima, - Vertrauen des Arbeitnehmers in einen Betriebsarzt, - gelungene BEM-Verfahren als „positive Verstärker".

Erstautor/ Erstautorin, Publikationsjahr	Soziale Erfolgsfaktoren
Ohlbrecht et al., 2018	Kultur der Achtsamkeit, - offene und positive Beziehung zwischen den Führungskräften und Mitarbeitenden, - gute Unternehmenskultur, - soziales Netz der Arbeitnehmer, - positive Beziehungen und Kommunikation (über BEM) am Arbeitsplatz, - biographisch angelegte Faktoren.
Eigene Darstellung nach Köpke (2011), Ramm et al. (2012) und Ohlbrecht et al. (2018).	

Tabelle 3: Soziale Erfolgsfaktoren.

4.2 (Arbeits-)strukturelle Erfolgsfaktoren

Anschließende Darstellungen behandeln die erhobenen Studienergebnisse bezogen auf die Fragestellung dieser Arbeit, die eher (arbeits-)strukturellen Erfolgsfaktoren entsprechen. Zusammenfassend sind die (arbeits-)strukturellen Erfolgsfaktoren in Tabelle 4 aufgeführt.

In allen drei ausgewählten Studien ist der Aspekt von Beratung beziehungsweise von Nutzung externer Hilfe oder externen Angeboten auffallend. Bei Köpke (2011) ist auf die Frage nach Erfahrungen mit BEM erwähnt worden, dass „fachkundige Beratung" (Köpke 2011, S. 107) oft fehlt und „der Wunsch nach externer Beratung und Information über Lösungsalternativen" (ebd.) besteht. Zudem ist die „Frage 9: Kann mehr externe Unterstützung bei der Umsetzung betrieblicher Gesundheitspolitik hilfreich sein?" (ebd., S. 111) von allen Befragten bejaht worden (vgl. ebd.). Bei Ramm et al. (2012) haben die Befragten dargelegt, dass „einheitliche Anlaufstellen" (Ramm et al. 2012, S. 14) vorteilhaft wären. Des Weiteren sind „überbetriebliche Kooperation und die Nutzung externer Dienstleistungen von Leistungsträgern und Leistungserbringern der Rehabilitation und Teilhabe" (vgl. ebd., S. 13) hilfreich. Die befragten Studienteilnehmenden bei Ohlbrecht et al. (2018) haben es für notwendig erachtet, dass Wissen zu BEM entweder intern oder extern vorliegt (vgl. Ohlbrecht et al. 2018, S. 157). Auch sollten Kooperationen zu Externen geschaffen werden, um BEM ein Gerüst zu geben (vgl. ebd., S. 160).

Als weiterer auffälliger Punkt ist des Öfteren die Struktur des BEM genannt worden. Köpke (2011) hat ermittelt, dass „klare Organisations- und Planungsvorgaben" (Köpke 2011, S. 110) dabei unterstützen, Gesundheits- und Arbeitsschutz durchzuführen. Wenn möglich sind sogar tarifliche oder betriebliche Vereinbarungen sinnvoll. Sofern diese zwischen Arbeitgeber und Arbeitnehmern verhandelt und beschlossen werden, demonstriert dies zudem die Anerkennung und den Einbezug des Arbeitnehmers (vgl. Köpke 2011, S. 110). Köpke hat dazu einige konkrete Beispiele aus den Befragungen genannt, die sich auf Gesundheits- und Arbeitsschutz, jedoch nicht direkt auf BEM beziehen. Bei Ramm et al. (2012) ist beschrieben worden, dass in KMU solche Regelungen eher schwierig zu realisieren sind (vgl. Ramm et al. 2012, S. 13). Dieser Punkt wird in den (arbeits-)strukturellen Hemmfaktoren erneut aufgegriffen. Ohlbrecht et al. (2018) haben dazu geschrieben, dass Vorgaben bezüglich BEM vorteilhaft für dieses sein können, diese Vorgaben aber zudem flexibel für die „individuellen Bedürfnisse" (Ohlbrecht et al. 2018, S. 160) sein sollten. Strukturelle Vorgaben können in Betriebsvereinbarungen festgehalten sein. Einige Führungskräfte würden Vorgaben aber gegebenenfalls als zu einengend betrachten, in diesen Fällen sei eine lockere Handhabe sinniger (vgl. ebd.). Weiterhin haben Ohlbrecht et al. (2018) erkennen können, dass die Informationsweitergabe an die Mitarbeitenden zum BEM, beispielsweise zu konkreten BEM-Strukturen, den „vertrauensvollen Umgang" (ebd., S. 13) positiv beeinflusst. Bezogen auf die betriebsinternen Strukturen des jeweiligen Unternehmens haben Ramm et al. (2012) feststellen können, dass fehlendes Vertrauen der Arbeitnehmer in den Arbeitgeber oder in das BEM durch feste Strukturen, die die Arbeitnehmer schützen, ausgeglichen werden kann (vgl. Ramm et al. 2012, S. 13).

Bei Ramm et al. (2012) haben die befragten Arbeitgeber aus KMU angemerkt, dass die Motivation, ein BEM einzuführen, auch mit „finanziellen Hilfen durch Sozialleistungsträger zusammenhängt (bspw. die Gewährung von Arbeitshilfen/Eingliederungsmaßnahmen)" (Ramm et al. 2012, S. 14). Trotzdem ist aber ein möglicher Bonus der Rehabilitationsträger oder des Integrationsamts (vgl. § 167 Abs. 3 SGB IX 2018) kein Hauptgrund für eine Einführung eines BEM (vgl. ebd., S. 16).

Ramm et al. (2012) haben zudem festgestellt, dass der (drohende) Fachkräftemangel unter bestimmten Umständen ein Motivator für Arbeitgeber sein kann, ein BEM umzusetzen (vgl. Ramm et al. 2012, S. 13). Höher qualifizierte Arbeitnehmer oder eine geringe Größe des Unternehmens in Verbindung mit dem Fachkräftemangel können das Durchführen von BEM beeinflussen (vgl. ebd.). Werden gut ausgebildete Mitarbeitende beschäftigt, ist der Nutzen dieser Fachkraft für Unternehmen größer, als wenn weniger qualifizierte Arbeitnehmer eingestellt sind. In kleinen Unternehmen verstärkt sich dieser Effekt. Die Arbeitnehmer sind nicht einfach zu ersetzen, daher kann Fachkräftemangel die Einführung von BEM in KMU fördern.

Darüber hinaus haben Ohlbrecht et al. (2018) noch von weiteren Erfolgsfaktoren erfahren: Für die BEM-Beauftragten ist es demnach hilfreich, wenn sie vor den ersten BEM-Gesprächen Informationen zum erkrankten Mitarbeitenden erhalten. Als hilfreich werden auch Informationen zum Krankheitsbild angesehen (vgl. Ohlbrecht et al. 2018, S. 160). Auch ist rückgemeldet worden, dass gerade in KMU oft die betroffenen Arbeitnehmer selbst BEM initiieren und diese Verfahren erfolgreich sind (vgl. ebd., S. 161). Weiter ist ein Gelingen von BEM realistischer, wenn der Arbeitgeber ausreichend Ressourcen zur Verfügung stellen kann und stellt, um Arbeitsplätze zu verändern und leidensgerechte Arbeitsplätze zu schaffen (vgl. ebd.). Schlussendlich kann noch angeführt werden, dass eine anerkannte Schwerbehinderung positiven Einfluss auf ein BEM haben kann, da der betroffene Mitarbeitende dadurch weitergehende Zugänge zu staatlichen Leistungen erlangt.

Erstautor/ Erstautorin, Publikationsjahr	(Arbeits-)strukturelle Erfolgsfaktoren
Köpke, 2011	- fachkundige Beratung, - der Wunsch nach externer Beratung und Information über Lösungsalternativen, - klare Organisations- und Planungsvorgaben, - tarifliche oder betriebliche Vereinbarungen.
Ramm et al., 2012	- einheitliche Anlaufstellen, - überbetriebliche Kooperation und die Nutzung externer Dienstleistungen, - feste betriebsinterne Strukturen, die die Arbeitnehmer schützen, - finanziellen Hilfen durch Sozialleistungsträger, - der (drohende) Fachkräftemangel.
Ohlbrecht et al., 2018	- vorliegendes Wissen zu BEM, entweder intern oder extern, - Kooperationen zu Externen, - Vorgaben, die flexibel für die „individuellen Bedürfnisse" sein können, - Betriebsvereinbarungen nach Bedarf, -Informationsweitergabe an die Mitarbeitenden, - Vorabinformationen zu betroffenen Mitarbeitenden, - BEM initiiert durch betroffene Mitarbeitende, - ausreichend Ressourcen des Arbeitgebers, um Arbeitsplätze zu verändern und leidensgerechte Arbeitsplätze zu schaffen, - Schwerbehinderung.
Eigene Darstellung nach Köpke (2011), Ramm et al. (2012) und Ohlbrecht et al. (2018).	

Tabelle 4: (Arbeits-)strukturelle Erfolgsfaktoren.

4.3 Soziale Hemmfaktoren

Nun erfolgt die Zusammenführung der sozialen Hemmfaktoren der drei ausgewählten Studien, die auf ein BEM wirken können. Diese sind abschließend in Tabelle 5 übersichtsartig zusammengefasst.

Eine Vielzahl sozialer Hemmfaktoren konnte nicht ermittelt werden, jedoch einer, der besonders gravierend ist. Bei diesem geht es um fehlendes Vertrauen, Verschlossenheit und Ängste der Mitarbeitenden. In Köpkes (2011) Erhebung können Rückschlüsse aus den sozialen Erfolgsfaktoren gezogen werden. Genannt worden ist, dass das Vertrauen der Beschäftigten positiven Einfluss auf Gesundheits- und Arbeitsschutz haben kann (vgl. Köpke 2011, S. 110). Somit ist fehlendes Vertrauen ein Hemmfaktor. Ramm et al. (2012) haben zu diesem Thema konkretere Aussagen erhalten. Hier ist festgestellt worden, dass, wenn „das Verhältnis zur Leitung [...] durch Angst und Misstrauen geprägt" (Ramm et al. 2012, S. 13) ist, die Implementierung von BEM problematischer wird (vgl. ebd.). Auch Ohlbrecht et al. (2018) haben den Hemmfaktor des fehlenden Vertrauens in die Leitung ermittelt. Zudem haben die Autoren erläutert, dass daraus verängstigtes Verhalten der Arbeitnehmer folgt und diese dann nicht mehr offen dem BEM-Verfahren gegenüberstehen (vgl. Ohlbrecht et al. 2018, S. 161). Ferner lassen sich auf der Seite der Arbeitnehmer laut Ohlbrecht et al. (2018) noch weitere Hemmfaktoren entdecken, nämlich das Verschweigen der Schwere der Erkrankung oder Präsentismus[10]. Auch befürchten einige Mitarbeitende, den Kollegen, die ihre Arbeit übernehmen müssen, zur Last zu fallen. Unter anderem sind diese Gründe dafür verantwortlich, dass Arbeitnehmer kein BEM durchführen, sondern die Tätigkeit zügig zu vorherigen Bedingungen wiederaufnehmen möchten (vgl. ebd.).

Für die Befragten bei Köpke (2011) sind weitere soziale Hemmnisse zur Umsetzung von Gesundheits- und Arbeitsschutz das fehlende Gesundheitsbewusstsein von Mitarbeitenden und Führungspersonen und das Nichtwissen über und der falsche Umgang mit psychischen Erkrankungen (vgl. Köpke 2011, S. 110 f.).

---

[10] Präsentismus: Arbeiten trotz einer Erkrankung (vgl. BAuA o. J.c, o. S.).

Erstautor/Erstautorin, Publikationsjahr	Soziale Hemmfaktoren
Köpke, 2011	- Rückschluss: fehlendes Vertrauen ist ein Hemmfaktor, - fehlendes Gesundheitsbewusstsein von Mitarbeitenden und Führungspersonen, - Nichtwissen über und der falsche Umgang mit psychischen Erkrankungen.
Ramm et al., 2012	- Prägung des Verhältnisses zur Leitung durch Angst und Misstrauen.
Ohlbrecht et al., 2018	- fehlendes Vertrauen in die Leitung, - Verschweigen der Schwere der Erkrankung, - Präsentismus, - Befürchtung bei längerer Arbeitsunfähigkeit Kollegen zur Last zu fallen.
Eigene Darstellung nach Köpke (2011), Ramm et al. (2012) und Ohlbrecht et al. (2018).	

Tabelle 5: Soziale Hemmfaktoren.

4.4 (Arbeits-)strukturelle Hemmfaktoren

Dieser Abschnitt behandelt die (arbeits-)strukturellen Hemmfaktoren, die auf ein BEM einwirken können und in den Recherchen und Befragungen der drei ausgewählten Studien vermittelt worden sind. Abschließend erfolgt in Tabelle 6 eine Übersicht.

Köpke (2011) hat ermittelt, dass der Gesundheits- und Arbeitsschutz von einem Überangebot an Informationen und der komplexen Rechtsprechung geprägt und aus diesen Gründen schwieriger zu verrichten ist (vgl. Köpke 2011, S. 110). Ramm et al. (2012) beschreiben einen „niedrigen Kenntnisstand" (Ramm et al. 2012, S. 14) von Führungspersonen und auch Mitarbeitenden in KMU zu Rehabilitationsmöglichkeiten und BEM (vgl. ebd.). Dies könnte zur Folge haben, dass der Bedarf an Rehabilitation verspätet erkannt wird (vgl. ebd.). Auch Ohlbrecht et al. (2018) haben Informiertheit als einflussnehmenden Faktor ermittelt. Somit kann geschlossen werden, dass ein geringer Kenntnisstand über BEM einen Hemmfaktor darstellen kann (vgl. Ohlbrecht et al. 2018, S. 159). Darüber hinaus ist von Köpke (2011) und Ohlbrecht et al. (2018) festgestellt worden, dass eine unkonkrete Zuständigkeitsverteilung problematisch (vgl. Ohlbrecht et al. 2018, S. 161) beziehungsweise große BEM-Teams (vgl. ebd.) und eine „größere Zahl von Ansprechpartnern zu Fragen betrieblicher Gesundheitsmaßnahmen" (Köpke 2011, S. 110) schwierig sein können. Köpke (2011) hat weiter die nicht klaren Kompetenzen einzelner Leistungsträger als hemmend angeführt (vgl. ebd.).

Wie bereits in Punkt 4.2 erwähnt, haben Ramm et al. (2012) sich kritisch zu verhandelten festen Regelungen zu BEM in KMU beziehungsweise zu gegebenenfalls dazugehörigen Betriebsvereinbarungen geäußert. In KMU existieren häufig keine Interessenvertretungen. Somit können von diesen keine Betriebsvereinbarungen ausgehandelt und beschlossen werden. In den Fällen, in denen Interessenvertretungen in Unternehmen der KMU bestehen, haben diese Mitarbeitenden häufig nicht ausreichend zeitliche Ressourcen, um sich solcher Vereinbarungen anzunehmen oder sogar konkrete BEM-Fälle zu initiieren oder zu begleiten (vgl. Ramm et al. 2012, S. 13).

Bei Köpke (2011) ist neben einer zunehmenden Arbeitsverdichtung auch fehlender Freiraum als Hemmfaktor genannt worden. Wird in der Beschäftigung stetig mehr verlangt, fassen Arbeitnehmer dies als fehlende Anerkennung der eigenen Leistung auf. Dies „ließe keine gesundheitsförderliche Motivation aufkommen" (Köpke 2011, S. 111). Ebenfalls ist zu viel Zwang seitens der Führungspersonen für Maßnahmen des Gesundheits- und Arbeitsschutzes hinderlich (vgl. ebd.). Darüber hinaus hat Köpke (2011) finanzielle Grenzen des Betriebs als hemmend beschrieben. Ist es beispielsweise nötig, einen Arbeitsplatz leidensgerecht zu verändern, können die Arbeitgeber mit größeren finanziellen Ressourcen dieses eher ausführen, als Arbeitgeber mit fehlenden finanziellen Ressourcen (vgl. Köpke 2011, S. 111). Auch Ohlbrecht et al. (2018) haben den hemmenden Aspekt der fehlenden finanziellen Ressourcen der Arbeitgeber erwähnt (vgl. Ohlbrecht et al. 2018, S. 160). Ramm et al. (2012) haben dazu die finanzielle Situation des Arbeitnehmers angeführt. Eine kritische finanzielle Situation kann dazu führen, dass ein Arbeitnehmer – statt eine BEM-Maßnahme anzunehmen – die Arbeit direkt wieder voll aufnehmen möchte, damit dieser direkt wieder das volle Gehalt und nicht das geringere Krankengeld erhält. Dies wäre somit ein hemmender Faktor für die Durchführung von BEM (vgl. Ramm et al. 2012, S. 13).

Erwähnenswert ist ebenfalls, dass in Kleinstbetrieben BEM häufig keine Relevanz beziehungsweise fehlendes BEM keine Auswirkungen hat. Zum einen greift in Kleinstbetrieben bis zu zehn Beschäftigten der Kündigungsschutz noch nicht, was nach sich zieht, dass keine teuren Arbeitsgerichtsverfahren folgen können (vgl. ebd. S. 14), zum anderen können Unternehmen mit bis zu 30 Beschäftigten 80% der Entgeltfortzahlung aus einem Umlagesystem zurückerhalten (vgl. ebd., S. 12). Somit fallen finanzielle Gründe, die die Durchführung eines BEM begünstigen würden, weg.

Wenn Betriebsärzte in einem Arbeitsunfähigkeitsfall involviert sind, findet laut Köpke (2011) häufig eine nur mäßige Zusammenarbeit mit Haus- oder Fachärzten statt. Ein BEM-Verfahren kann so in Verzug geraten (vgl. Köpke 2011, S. 112).

Ohlbrecht et al. (2018) haben weiterhin arbeitsorganisatorische Faktoren angeführt: BEM kann nur schwerlich durchgeführt werden, wenn beispielsweise durch Schichtarbeit oder Montage die Arbeitsbedingungen keine leichten sind und somit Zeitmangel und große Entfernungen zum Arbeitsplatz eine BEM-Durchführung behindern (vgl. Ohlbrecht et al. 2018, S. 161). Dazu sind weitere strukturelle Faktoren, wie zum Beispiel Betriebsgröße und Branche genannt worden (vgl. ebd., S. 160).

Abschließend haben Ohlbrecht et al. (2018) die Frage aufgeführt, inwiefern der Arbeitgeber überhaupt in der Lage ist, Einfluss auf Erkrankungen zu nehmen (vgl. Ohlbrecht et al. 2018, S. 161 f.). Sogenannten „beruflichen" Krankheiten kann der Arbeitgeber gegebenenfalls präventiv entgegenwirken und bei Eintritt mit einem BEM Unterstützung bieten. Bei Krankheiten, zu denen keine Einflussnahme möglich ist, beispielsweise bei einer Oberschenkelfraktur oder auch bei „privaten" Krankheiten, in denen der Arbeitgeber keine Möglichkeit hat zu unterstützen, erscheint ein BEM jedoch unnötig (vgl. ebd.).

Erstautor/ Erstautorin, Publikationsjahr	(Arbeits-)strukturelle Hemmfaktoren
Köpke, 2011	- Überangebot an Informationen und komplexe Rechtsprechung bei Gesundheits- und Arbeitsschutz, - unkonkrete Zuständigkeitsverteilung/große BEM-Teams, - zunehmende Arbeitsverdichtung, - fehlender Freiraum, - finanzielle Grenzen des Betriebs, - schlechte Zusammenarbeit von Haus- und Fachärzten mit dem Betriebsarzt.
Ramm et al., 2012	- niedriger Kenntnisstand von Führungspersonen und Mitarbeitenden in KMU, - fehlende Interessenvertretungen/fehlende zeitliche Ressourcen von Interessenvertretungen, - fehlender Kündigungsschutz und Umlagesystem für die Entgeltfortzahlung für Kleinstbetriebe.
Ohlbrecht et al., 2018	- Rückschluss: geringer Kenntnisstand ist ein Hemmfaktor, - unkonkrete Zuständigkeitsverteilung/große BEM-Teams, - nicht klaren Kompetenzen einzelner Leistungsträger, - fehlende finanzielle Ressourcen des Betriebs, - Schichtarbeit, - Montage, - Betriebsgröße, - Branche, - „private" Krankheit/Erkrankung in der keine Einflussnahme des Arbeitgebers möglich ist.
Eigene Darstellung nach Köpke (2011), Ramm et al. (2012) und Ohlbrecht et al. (2018).	

Tabelle 6: (Arbeits-)strukturelle Hemmfaktoren.

4.5 Effekte von BEM

In diesem Absatz sollen kurz, zusätzlich zu den bearbeiteten Faktoren, die Wirkungen von BEM genannt werden. Ohlbrecht et al. (2018) haben diese herausgearbeitet. Zum einen kann das BEM ein Anstoß für die betroffene Person sein, in Zukunft anders mit dem eigenen Körper und der Gesundheit umzugehen. Auch kann das BEM eine Überforderung verhindern, indem auf der einen Seite dem Arbeitnehmer geholfen wird, noch gesundheitsbewusster mit sich umzugehen, auf der anderen Seite dadurch, dass die Arbeitsbedingungen angepasst werden. Ebenfalls können das Betriebsklima und die Mitarbeiterbindung durch erfolgreiche BEM-Verfahren und die Kommunikation darüber positiv beeinflusst werden. Durch diese Maßnahmen von BEM kann eine „Kultur der Achtsamkeit" gefördert werden. Überbetrieblich können BEM-Maßnahmen einen Beitrag dazu leisten, die Sensibilität für Krankheit und Gesundheit in der Arbeitswelt zu verbessern. Schlussendlich können aus den BEM-Maßnahmen in einem Betrieb Erkenntnisse für weitere, präventive Gesundheitsförderung gewonnen und genutzt werden. So kann jedem Arbeitnehmer im Rahmen von BGM ein spezifiziertes Angebot gemacht werden (vgl. Ohlbrecht et al. 2018, S. 162).

5 Diskussion

Zusammenfassend lässt sich erkennen, dass alle drei Studien aufgezeigt haben, dass das Vertrauen der Arbeitnehmer in die Führungspersonen und die damit verbundene offene Kommunikation unabdinglich für gelingende BEM-Verfahren sind – und diese Punkte somit die zentralen beeinflussenden Faktoren darstellen. Dies schließt eine offene Informationskultur seitens der Unternehmensleitung bei Einführung eines BEM-Systems ein. Die Arbeitnehmer sollten sich über die Aspekte des BEM aufgeklärt fühlen. Darüber hinaus sind klare Strukturen oder zumindest festgelegte Ansprechpartner, die den Mitarbeitenden bekannt sind, hilfreich für das Einleiten und die Durchführung einer konkreten BEM-Maßnahme. Des Weiteren haben sich externe Beratung und externe Hilfen als bedeutende Wünsche der befragten Studienteilnehmenden herauskristallisiert. Der Gesetzgeber lässt dem Arbeitgeber in der Umsetzung des BEM freie Hand, was bei vielen Arbeitgebern zu Unsicherheiten führt. Unterstützungen von außen sind als nützlich angesehen worden. Außerdem konnte herausgearbeitet werden, dass personelle wie auch finanzielle Ressourcen bei den Arbeitgebern und den für das BEM zuständigen Personen vorhanden sein müssen, um zum einen BEM-Systeme zu etablieren und zum anderen BEM-Maßnahmen gewinnbringend durchführen zu können.

Im weiteren Verlauf werden die bereits deskriptiv dargestellten Ergebnisse der Studien genauer begutachtet und interpretiert. Nicht sämtliche Punkte aus den Ergebnissen werden erneut aufgegriffen. Die Aspekte, die nicht nochmals explizit bearbeitet werden, können als eindeutige und verständliche Ergebnisse angesehen werden. Auch soll die Validität betrachtet werden.

5.1 Soziale Erfolgsfaktoren

Zunächst werden in diesem Abschnitt die ermittelten sozialen Erfolgsfaktoren genauer betrachtet.

Köpke (2011) hat eine „positive Grundauffassung" (Köpke 2011, S. 110) als Erfolgsfaktor für die Umsetzung und Anwendung von Vorgaben des Gesundheits- und Arbeitsschutzes ermittelt. Relevant zur Einordnung der Ergebnisse von Köpke ist, dass er gemäß der Forschungsfrage, abgesehen von Frage 5: „Welche Erfahrungen gibt es mit dem betrieblichen Eingliederungsmanagement, insbesondere über die Zusammenarbeit mit den im Gesetz genannten Akteuren?" (ebd., S. 106), in der Befragung allgemein nach Gesundheits- und Arbeitsschutz oder betrieblicher Gesundheitspolitik gefragt hat. BEM kann diesen Themen problemlos zugeordnet werden. Jedoch ist nicht trennscharf, worauf genau die Befragten sich in ihren Antworten bezogen haben. Die „positive Grundauffassung" (ebd., S. 110) zu Gesundheits- und Arbeitsschutz ist bei Köpke (2011) zwar durch exemplarische Aussagen von Befragten ausgeführt worden, jedoch wird nicht klar, was die „positive Grundauffassung" (ebd.) genau beinhaltet. Vorstellbar ist durch die dargestellten Aussagen, dass ein funktionierender Gesundheits- und Arbeitsschutz davon abhängt, dass vor allem die Führungskräfte, aber auch jeder Mitarbeitende Maßnahmen in diesem Bereich offen und teilnahmefreudig gegenübersteht. Auch ist denkbar, dass die Grundauffassung sich auf das Betriebsklima oder das Verhältnis zwischen Führungspersonen und Mitarbeitenden bezieht. Dadurch, dass Köpke (2011) einen solch großen Bereich in einer Frage abgefragt hat, kann nicht beurteilt werden, für welche Angebote oder Maßnahmen die Antworten gelten. Gesundheitsschutz und Arbeitsschutz sind allein durch die Freiwilligkeit des einen Bereichs und die gesetzliche Verpflichtung des anderen Bereichs unterschiedliche Komplexe. Interessant ist die Aussage, dass die Gesundheit der Beschäftigten ein hohes Gut ist und eines Schutzes bedarf (vgl. ebd.). Die Bedeutung dieser Aussage findet sich in dem Haus der Arbeitsfähigkeit von Tempel/Ilmarinen (2013) wieder, welches im theoretischen Hintergrund dieser Arbeit dargestellt worden ist. Dort sind Gesundheit, Leistungsfähigkeit und die Erholungsfähigkeit die Grundlage des Hauses, also das Fundament für die Arbeitsfähigkeit. Somit ist es sinnhaft, diese zu schützen und auch zu fördern. Die anderen beiden Studien haben konkretere Ergebnisse zu BEM vorweisen können. Bei Ramm et al. (2012) und Ohlbrecht et al. (2018) ist beschrieben worden, dass vorteilhaft für gelingendes BEM ein positives beziehungsweise gutes Betriebsklima ist (vgl. Ramm et al. 2012, S. 13) sowie „eine Kultur der Achtsamkeit" (Ohlbrecht et al. 2018 et al., S. 160) und eine vertrauensvolle Kooperation. In diesen beiden Studien sind die Fragen direkt auf BEM bezogen worden. Somit ist sichergestellt worden, dass die Befragten ihre Antworten mit Verbindung zu BEM gegeben haben. Köpke (2011) hat zudem noch das Vertrauen in das Arbeitsverhältnis als hilfreich aufgeführt. Grundsätzlich kann also Vertrauen sowie ein angenehmes Klima im Betrieb und zwischen den beteiligten Akteuren als vorteilhaft für BEM betrachtet werden. Diese Aspekte sollten die Grundlage für BEM sein. Ramm et al. (2012) und Ohlbrecht et al. (2018) unterstreichen die Aussage des angenehmen Betriebsklimas zudem durch die Erwähnung der Dynamik im Kollegium. Laut Ramm et al. (2012) können Mitarbeitende, die nach einer Erkrankung bereits wieder eingegliedert worden sind und somit eine erfolgreiche BEM-Maßnahme durchlaufen haben, die Meinung zu BEM im Kollegium positiv beeinflussen. Ohlbrecht et al. (2018) beschreiben, dass Kommunikation zu konkreten BEM-Maßnahmen diese unterstützen kann. Das lässt erkennen, dass in KMU regelmäßig über BEM gesprochen und dieses immer wieder thematisiert werden sollte, damit sich auch die Mitarbeitenden darüber intensiv austauschen können und dies positive Effekte auf die Durchführung von BEM haben kann.

Dass das soziale Netz der Arbeitnehmer auf BEM-Maßnahmen Einfluss nehmen kann, wie Ohlbrecht et al. (2018) dargelegt haben, besagt ebenso das Haus der Arbeitsfähigkeit von Tempel/Ilmarinen (2013). Dort ist erkennbar, dass das Umfeld einer Person auf die Arbeitsfähigkeit Einfluss nimmt.

Ohlbrecht et al. (2018) nennen weiter biographisch angelegte Faktoren, die auch Einfluss auf das BEM nehmen können. Diese Faktoren sind durch in der Vergangenheit gemachte Erfahrungen begründet. Von außen können biographisch angelegte Faktoren kaum kurzfristig beeinflusst werden. Wenn man jedoch um solche Faktoren weiß, kann eingeschätzt werden, wieso einige Führungskräfte und auch Mitarbeitende einem BEM eher positiv und einige diesem eher negativ gegenüberstehen. Durch positive Kommunikation, wie die Veröffentlichung gelungener BEM-Maßnahmen, und positive neue Erfahrungen zu Vorteilen von BEM, wie Unterstützung in der schwierigen Phase der Erkrankung oder auch Verhinderung zukünftiger Überforderung am Arbeitsplatz, können gegebenenfalls negative Meinungen aufgebrochen werden.

5.2 (Arbeits-)strukturelle Erfolgsfaktoren

Nachstehend werden die (arbeits-)strukturellen Erfolgsfaktoren tiefergehend durchleuchtet.

Köpke (2011), Ramm et al. (2012) sowie Ohlbrecht et al. (2018) haben bei ihren Recherchen den Wunsch nach externer Beratung beziehungsweise externen Hilfen erfassen können. Gerade für KMU sind Beratungsstellen außerhalb des Unternehmens oder Kooperationen mehrerer KMU zu BEM-Themen nützlich, da nicht immer beziehungsweise nur selten ein umfangreiches Wissen zu BEM betriebsintern zu finden ist. Dies hängt auch mit dem Umstand zusammen, dass in kleineren Unternehmen die Zahl an Fällen für ein BEM verhältnismäßig gering ist. An diesen Ergebnissen lässt sich zum einen erneut erkennen, wie wichtig Kommunikation im BEM ist. Haben die Arbeitgeber die Möglichkeit, sich mit Beratern oder anderen KMU zu BEM-Themen auszutauschen, ist dies ein begünstigender Faktor. Zum anderen zeigt sich eine gewisse Hilflosigkeit. Den Arbeitgebern wird die Umsetzung von BEM selbst überlassen, das Gesetz gibt kaum Vorgaben, wie die Umsetzung stattfinden soll. Dies scheint zu einer Überforderung von KMU zu führen. Qualitativ hochwertige Hilfestellungen von außen wären sinnvoll. In der alten Fassung des Gesetzes zu BEM hat die Rechtsgrundlage für örtliche gemeinsame Servicestellen existiert, die als Ansprechpartner gedacht gewesen sind. Diese sind in der Neufassung des Gesetzes von 2018 gestrichen worden. Akteure innerhalb des BEM können beziehungsweise sollen sich bei Anliegen zu BEM nun direkt an die Rehabilitationsträger und, wie bereits zuvor auch, bei schwerbehinderten Beschäftigten an das Integrationsamt wenden. Die Bundesarbeitsgemeinschaft für Rehabilitation (BAR) hat dazu zum Beispiel das Online-Angebot des BEM-Kompasses entwickelt (vgl. BAR o. J., o. S.). Inwieweit dieses Angebot oder die Beratungsleistungen im Allgemeinen von Arbeitgebern oder auch Arbeitnehmern genutzt werden, ist noch nicht bekannt. Zweckmäßig wäre es in jedem Fall, die Leistungen der Rehabilitationsträger und des Integrationsamts immer wieder zu vermitteln und zu bewerben, damit Arbeitgeber und Arbeitnehmer wissen, wo sie bei Bedarf Unterstützung erhalten können. Neben diesen gesetzlich festgelegten Hilfen steht es Arbeitgebern zudem frei, andere externe Berater – zum Beispiel freiberufliche Disability Manager – zu kontaktieren und zu engagieren.

Wie eben bereits erwähnt, sind auch Kooperationen zwischen den KMU zum Thema BEM denkbar. Bei Ramm et al. (2012) ist beschrieben worden, dass eigene Integrationsteams in KMU wegen der oft geringen Fallzahlen eher selten sind, daher wären überbetriebliche Kooperationen vertretbar. Zwar sind Netzwerke zu BEM grundsätzlich vorstellbar, insbesondere zur Klärung allgemeiner Fragen sowie zum Wissensaufbau und -austausch. Fraglich ist aber, ob Kooperationen zwischen KMU tatsächlich die Aufgabe von Integrationsteams übernehmen und bei konkreten BEM-Maßnahmen eingreifen können. Der Datenschutz und auch das Vertrauen der Mitarbeitenden würden dabei sicherlich eine große Rolle spielen. Darüber hinaus müssten Aufgaben fest abgesteckt und ein „Geben und Nehmen" sichergestellt werden, damit kein Netzwerkpartner bevorzugt oder benachteiligt wird. Dies ist vermutlich schwer zu realisieren.

Die Struktur von BEM ist ebenfalls in allen drei Studien ein Thema gewesen. Köpke (2011) und Ohlbrecht et al. (2018) haben die Idee der strukturellen Vorgaben zu BEM in Form von Betriebsvereinbarungen dargestellt. Auch der Abschlussbericht des Projekts „Entwicklung und Integration eines betrieblichen Eingliederungsmanagements (EIBE)" des Bundesministeriums für Arbeit und Soziales aus dem Jahre 2009 hat bestätigt, dass Transparenz im Eingliederungsprozess und eine Betriebsvereinbarung zu BEM förderliche Faktoren für Implementierung und Durchführung von BEM sind (vgl. Kaiser et al. 2009, S. 58). In einer Betriebsvereinbarung könnte beispielsweise festgelegt werden, dass nach insgesamt sechswöchiger Arbeitsunfähigkeit automatisch eine Einladung zu einem Gespräch mit dem Beschäftigten ausgesprochen wird. Diese Einladung kann dann angenommen oder abgelehnt werden. Als zusätzliche Möglichkeit kann festgelegt werden, dass der Arbeitnehmer jederzeit selbst das Gespräch über seine Leistungsfähigkeit suchen kann. Wenn solch eine Betriebsvereinbarung öffentlich im Betrieb bekannt gemacht wird, wissen die Arbeitnehmer, dass es einen üblichen Verlauf bei längerer Arbeitsunfähigkeit gibt und wundern sich nicht, wenn beispielsweise die Gesprächseinladung übermittelt wird. Zudem ist dieses Vorgehen dann mit den Interessenvertretungen abgestimmt worden. Ramm et al. (2012) haben Betriebsvereinbarungen in KMU jedoch kritisch betrachtet. Dieser Punkt wird an späterer Stelle erneut aufgegriffen. Der Wunsch nach konkreten Vorgaben zu BEM spiegelt nochmals die Unsicherheit der KMU in der Umsetzung von BEM wider. Wenn beispielsweise feste Leitfäden zur Verfügung stünden, wäre BEM für einige Führungspersonen greifbarer und somit gegebenenfalls einfacher umzusetzen. Daher kann bei der Einführung eines BEM-Systems in einem Unternehmen tatsächlich das Angebot von Leitfäden oder Arbeitshilfen wertvoll sein. Möglicherweise können bereits bestehende Strukturen zu Arbeitsschutz genutzt werden, um BEM zu implementieren, oder bestehende Betriebsvereinbarungen zu Arbeitsschutz um BEM ergänzt werden. Zu beachten ist jedoch der Aspekt der Flexibilität, den Ohlbrecht et al. (2018) benannt haben. Jeder BEM-Fall ist sehr individuell. Somit ist es unabdingbar, ein gewisses Maß an Flexibilität zu belassen, damit für den Beschäftigten eine sinnvolle BEM-Maßnahme entwickelt werden kann.

Ramm et al. (2012) haben eine Verbindung zwischen dem Vertrauen der Arbeitnehmer und den betriebsinternen Strukturen gezogen. Sie haben erklärt, dass in „größeren Unternehmen [...] möglicherweise fehlendes Vertrauen durch gut funktionierende betriebsinterne Strukturen, die den Arbeitnehmer schützen, ausgeglichen werden [kann]" (Ramm et al. 2012, S. 13). Hier bleibt jedoch offen, was genau damit gemeint ist: Geht es um Strukturen konkret bezogen auf ein BEM oder geht es gegebenenfalls um allgemeine schützende Strukturen, die in dem Betrieb bestehen?

Der von Ramm et al. (2012) erwähnte Fachkräftemangel kann gesellschaftlich von KMU nicht direkt beeinflusst werden. Es scheint aber einleuchtend, dass die Motivation, die eigenen Mitarbeitenden zu halten, hoch ist, wenn Arbeitgeber wissen oder befürchten, keine passenden, gut ausgebildeten Fachkräfte anwerben zu können. Somit wird bei erkrankten Mitarbeitenden eher ein BEM gestartet. In großen Unternehmen kann innerhalb des eigenen Betriebs besser Ersatz gefunden werden. Bei Arbeitgebern, die in erster Linie ungelernte Kräfte einstellen, ist die Chance ebenso höher, neue Arbeitnehmer zu finden, als bei hoch qualifizierten Arbeitnehmern.

Dass nach Ohlbrecht et al. (2018) durch viele BEM-Beauftragte in KMU umfängliche Informationen zu betroffenen Arbeitnehmern vor dem ersten BEM-Gespräch gewünscht worden sind, ist zwar nachvollziehbar, aber im Sinne des Datenschutzes nicht realisierbar. Die Mitarbeitenden sind nicht verpflichtet, sämtliche Informationen, insbesondere bezogen auf ihre Erkrankung, zu offenbaren.

Interessant ist der weitere positive Einflussfaktor, von dem Ohlbrecht et al. (2018) Kenntnis erlangt haben: Wenn betroffene Mitarbeitende selbst ein BEM initiieren, ist dieses oft erfolgreich. Im Gesetzestext ist nicht bestimmt, wer das BEM initiieren muss. Er suggeriert aber, dass dies Aufgabe des Arbeitgebers ist. Die Überlegung wäre berechtigt, in den Gesetzestext die Möglichkeit einzubauen, dass die Arbeitnehmer selbst ein BEM initiieren können, indem sie mit dem Arbeitgeber sprechen. So fühlen sich die Arbeitnehmer gegebenenfalls berechtigter dazu dies zu tun und zudem autonomer, da auch sie die Entscheidung über ein BEM treffen können. Wichtig ist jedoch, dass die Mitarbeitenden über BEM informiert sind. Nur wenn sie informiert sind, können sie auch die Entscheidung treffen, selbst ein BEM-Gespräch führen zu wollen. Regelmäßige und ausführliche Informationen zu BEM sollten durch den Arbeitgeber erfolgen. Gegebenenfalls könnte in bestehende regelmäßige Tätigkeiten wie Unterweisungen oder Ähnlichem die aufgrund von Arbeitsschutz sowieso durchgeführt werden, die Informationsweitergabe zu BEM eingebettet werden.

5.3 Soziale Hemmfaktoren

In diesem Unterkapitel wird der soziale Hemmfaktor des fehlenden Vertrauens diskutiert.

Den relevantesten, in den Studien ermittelten sozialen Hemmfaktor für BEM stellt fehlendes Vertrauen der Mitarbeitenden dar. Die Autoren haben erläutert, dass Ängste und Unsicherheiten der Beschäftigten gegenüber dem Arbeitgeber oder den Führungspersonen BEM-Maßnahmen blockieren können. Auch muss die mögliche Angst vor dem Verlust des Arbeitsplatzes berücksichtigt werden. Die

Mitarbeitenden haben aus unterschiedlichen Gründen Besorgnisse, über ihre aktuelle Lage zu sprechen und diese offen anzugehen. Daraus kann ein Verschweigen der Schwere der Erkrankung folgen oder sogar Präsentismus. Mittel- und langfristig gesehen ist dieser Umgang mit der Situation weder für den Arbeitgeber noch für den Mitarbeitenden gewinnbringend. Eine Möglichkeit diesen Hemmfaktor, also Ängste und Sorgen der Mitarbeitenden abzubauen, ist Kommunikation. Wenn die Implementierung eines BEM-Systems in ein Unternehmen geplant ist, sollten die Mitarbeitenden von vornherein informiert, mitgenommen und nach Möglichkeit partizipiert werden. So können Unsicherheiten abgebaut werden. Auch kann es sinnig sein, Themen wie Präsentismus oder psychische Erkrankungen ganz offen anzusprechen. Im Rahmen von einem BGM-System könnten beispielsweise Vorträge durchgeführt werden, in denen Phänomene wie Präsentismus behandelt werden. Mit diesem Wissen können Mitarbeitende sich selbst reflektieren. Ergänzend könnten alle Themen, die zu BEM auftauchen, in Vorträgen oder Workshops zusammen mit den Mitarbeitenden behandelt werden, um Stück für Stück Ängste abzubauen. Weitere Ideen um Vertrauen aufzubauen sind bereits vorher genannt worden, beispielsweise feste Strukturen, die Mitarbeitende schützen.

5.4 (Arbeits-)strukturelle Hemmfaktoren

Ferner sollen auch die (arbeits-)strukturellen Hemmfaktoren interpretiert und besprochen werden.

Da Köpke (2011) durch seine Recherchen feststellen konnte, dass Maßnahmen des Gesundheits- und Arbeitsschutzes häufig schwierig umzusetzen sind, da die Informationen und die Rechtsprechung sehr umfassend und vielschichtig erscheinen, ist erneut zu vermuten, dass in KMU nicht ausreichend beziehungsweise kein tiefgehendes Wissen vorhanden ist. Externe Hilfen können bei der Umsetzung unterstützen. Eine andere Möglichkeit ist die, dass KMU in eigenes Wissen investieren und beispielsweise Mitarbeitende zu Fachkräften Betriebliches Gesundheitsmanagement, Betrieblichen Gesundheitsmanagern oder Disability Managern ausbilden lassen.

Ob die Aspekte der zu großen BEM-Teams und der verschiedenen Ansprechpartner zu konkreten Themen tatsächlich, wie in den Studien von Köpke (2011) und Ohlbrecht et al. (2018) benannt worden, Hemmfaktoren sind, lässt sich zweigeteilt betrachten. Vorstellbar ist, dass viele verschiedene involvierte Personen eventuell das Vertrauen der betroffenen Personen in die Bearbeiter und in den

BEM-Prozess sinken lassen. Weiterhin könnte es zu Kommunikationsschwierigkeiten zwischen den einzelnen Akteuren kommen. Fraglich ist aber zum einen, was „große BEM-Teams" (Ohlbrecht et al. 2018, S. 161) oder „eine größere Zahl an Ansprechpartnern" (Köpke 2011, S. 110) für Personengruppen beinhaltet. Sind damit drei, zwölf oder 23 Menschen gemeint? Zum anderen wird nicht bedacht, dass verschiedene Personen sich unterschiedlich spezialisieren können. Wenn die jeweiligen Akteure sich auf ein Themengebiet spezialisieren, kann man von einem breiten und tiefen Kenntnisstand profitieren. Eine reibungslose Kommunikation sollte gegeben sein, dann könnte auch eine "große" Anzahl an Verantwortlichen hilfreich sein.

Der bereits genannte Zweifel von Ramm et al. (2012) zu Betriebsvereinbarungen begründet sich darin, dass KMU häufig keine Interessenvertretungen haben. Wenn Interessenvertretungen existieren, haben diese oft zu wenig Ressourcen sich um BEM-Systeme oder konkrete BEM-Maßnahmen zu kümmern. Dieser Umstand ist verständlich. Bezogen auf dieses Problem könnte, wie bereits genannt, der Versuch gestartet werden, BEM in bestehende Strukturen zu integrieren. Gelingt es, Informationen zu BEM in allgemeinen Besprechungen oder Unterweisungen einzubringen, ist ein guter Schritt getan. Zudem sollten die Mitarbeitenden dazu animiert werden, selbst ein BEM anzustoßen. Ein Tätigwerden einer Interessenvertretung wäre dann nicht mehr zwingend nötig. Weiterhin sollten von der anderen Seite aus BEM-Maßnahmen Erkenntnisse für die Unternehmensentwicklung gewonnen werden. Ramm et al. (2012) muss in dem Punkt aber zugestimmt werden, dass es bei vielen KMU vermutlich schwierig bis unmöglich ist, BEM über eigene Betriebsvereinbarungen zu verfestigen.

Da Köpke (2011) in seiner Studie aufgezeigt hat, dass die Zusammenarbeit zwischen Betriebsärzten und Haus- und Fachärzten innerhalb eines Arbeitsunfähigkeitsfalles häufig schwierig verläuft, sollte geprüft werden, ob die Zusammenarbeit gestärkt werden kann. Dies könnte auf informeller Ebene mit Netzwerktreffen der Ärzte einer Region geschehen, jedoch auch vom Gesetzgeber bestimmt werden.

Dass Ohlbrecht et al. (2018) Schichtarbeit oder Montage als Faktoren gesehen haben, die BEM-Maßnahmen komplizieren, ist als sehr kritisch zu betrachten. BEM-Maßnahmen sollen Mitarbeitenden Möglichkeiten geben, bei dem jeweiligen Arbeitgeber weiterhin Tätigkeiten zu verrichten, die dem Leistungsvermögen entsprechen. Wenn beispielsweise Auswärtsmontage aufgrund der Reisetätigkeiten nicht mehr möglich ist, sollten Ideen zusammengetragen werden, wie der jeweilige Mitarbeitende ohne die Montagetätigkeit weiterbeschäftigt werden kann. Nachvollziehbar sind die Bedenken allerdings, sofern diese sich auf eine stufenweise Wiedereingliederung beziehen: Es sei dabei anzunehmen, dass ein Mitarbeitender seine Montagetätigkeit wiederaufnehmen kann, dies aber erst für ein paar Stunden am Tag und nicht direkt wieder in Vollzeit tun soll. In diesem Fall erschweren solche Tätigkeiten eine Realisierung einer stufenweisen Wiedereingliederung tatsächlich.

Letztendlich haben Ohlbrecht et al. (2018) noch das Dilemma um die Einflussmöglichkeiten des Arbeitgebers aufgezeigt. Hier ist beschrieben worden, dass der Arbeitgeber zwar bei „beruflichen", nicht aber bei „privaten" Erkrankungen unterstützen könnte (vgl. Ohlbrecht et al. 2018, S. 161 f.). Davon abgesehen, dass „berufliche" und „private" Umstände, also auch Krankheiten, wie in dem Haus der Arbeitsfähigkeit anschaulich dargestellt ist, nicht immer vollständig trennbar sind, ist auch denkbar, dass Arbeitgeber bei eher privat gelagerten Schwierigkeiten unterstützen können. Zum Beispiel kann eine Mitarbeiterberatung, die dann vordergründig durch externe Anbieter realisiert wird, bei Problemen wie Trennung oder Sucht behilflich sein.

5.5 Effekte von BEM

Die von Ohlbrecht et al. (2018) herausgearbeiteten Effekte des BEM, wie der, dass der Mitarbeitende gegebenenfalls nach einer BEM-Maßnahme noch intensiver auf seine Gesundheit achtet und bezogen auf die Arbeit vor Überforderung geschützt wird (vgl. Ohlbrecht et al. 2018, S. 162), sprechen dafür, dass ein BEM bei der Einstellung einer persönlichen Work-Life-Balance helfen kann. Zudem ist bemerkenswert und ein sehr zukunftsorientierter Aspekt, dass ein Unternehmen aus Erkenntnissen von BEM-Maßnahmen Potentiale zur eigenen Verbesserung oder für Angebote zur Gesundheitsförderung ziehen kann. Somit ist BEM nicht nur als Maßnahme für den betroffenen Mitarbeitenden zu sehen, sondern auch als Wegbereiter für präventive Maßnahmen, die der gesamten Belegschaft zugutekommen. Dieser Aspekt unterstreicht die Sinnhaftigkeit eines umfassenden BGM-System in Unternehmen, in dem Wissen aus allen Teilbereichen in den anderen Bereichen genutzt wird.

5.6 Limitation und Gütebeurteilung der ausgewählten Studien

Folgend werden kurz einige wichtige Aspekte zu möglichen Grenzen und der Güte der ausgewählten Studien besprochen.

Zu berücksichtigen bei der Studie von Köpke (2011) ist, dass nicht konkret BEM den Forschungsmittelpunkt repräsentiert hat. Das Interesse hat darin gelegen, „die gesetzlichen Instrumente zur Sicherung und Erhaltung von Erwerbsfähigkeit mit Blick auf ihre Zielerreichung näher zu betrachten" (Köpke 2011, S. 21). Das Ziel ist somit gewesen, einen Gesamtüberblick zum Thema Gesundheitsschutz, Gesundheitsförderung und Arbeitsschutz zu schaffen. Dies muss bei der Interpretation der Ergebnisse bezogen auf BEM bedacht werden. Viele Ergebnisse sind allgemeinerer Natur, also auch auf BEM übertragbar. Jedoch kann das nicht für selbstverständlich genommen werden. Die Studien von Ramm et al. (2012) und Ohlbrecht et al. (2018) haben sich konkret auf BEM bezogen. Somit können die Ergebnisse von Köpke et al. (2011) nicht vorbehaltslos auf BEM übertragen werden, wodurch die externe Validität der Studie im Vergleich zu Ramm et al. (2012) sowie Ohlbrecht et al. (2018) eher eingeschränkt ist. Eine Limitation stellt daher die fehlende Verallgemeinerbarkeit in der Studie von Köpke et al. (2011) dar.

Auch ist der Zeitraum, in dem die Interviews bei Köpke (2011) geführt worden sind, relativ weit zurückliegend. Die Studie ist 2011 veröffentlicht worden und die Gespräche sind von 2007 bis 2008 geführt worden. Eventuell liegt diese zeitliche Verzögerung in dem großen Umfang der Studie begründet. Trotzdem ist vorstellbar, dass die Ergebnisse 2011 nicht mehr ganz aktuell gewesen sind. Dementsprechend könnte mit der fehlenden Aktualität der Ergebnisse eine verminderte intersubjektive Nachvollziehbarkeit einhergehen, denn dabei stellt sich die Frage, inwiefern die Ergebnisse von Köpke et al. (2011) den tatsächlichen aktuellen Forschungsbedarf abdecken. Zudem ist nicht eindeutig erkennbar, worauf die zeitliche Verzögerung der Veröffentlichung zurückzuführen ist. So könnte diese auf den großen Umfang der Studie zurückzuführen sein oder möglicherweise auf die methodische Durchführung sowie auf die Auswertung. Daher ergeben sich weitere Limitationen in der Studie von Köpke et al. (2011) durch die verminderte intersubjektive Nachvollziehbarkeit sowie durch die fehlende Erklärung der zeitlichen Verzögerung.

Bei Köpke (2011) lässt sich zudem keine Aussage zu einem möglichen Interessenkonflikt finden. Ramm et al. (2012) und Ohlbrecht et al. (2018) haben ausgesagt, dass kein Interessenkonflikt bestanden hat.

Zur Stichprobe lässt sich sagen, dass keine der Studien repräsentative Ergebnisse geliefert hat. Jedoch ist dies bei qualitativen Forschungsdesigns auch nicht zwingend nötig. Die jeweiligen Stichproben sind relativ klein und begrenzt. Bei Köpke (2011) sind beispielsweise nur Arbeitgeber aus Norddeutschland befragt worden. Bei Ramm et al. (2012) sind in der kleinen Menge der Befragten (38 Experteninterviews) nur wenige betriebliche Interessenvertreter und erkrankte Beschäftigte erreicht worden. Hier besteht laut der Autoren weiterer Forschungsbedarf (vgl. Ramm et al. 2012, S. 12). Bei Ohlbrecht et al. (2018) sind zusätzlich zu 40 Arbeitnehmern 21 betriebliche und überbetriebliche Experten befragt worden. Es ist jedoch nicht erkennbar, aus welchen Unternehmen oder Institutionen diese Experten genau rekrutiert worden sind. Demgemäß stellt die mangelnde Dokumentation der methodischen Vorgehensweise eine Limitation in der Studie von Ohlbrecht et al. (2018) dar.

Die multiperspektivischen Herangehensweisen der Forschenden an die Thematik, durch Recherche der Literatur und gesetzlichen Vorgaben sowie die Interviews und Befragungen verschiedener Gruppen, die im BEM-Prozess in Erscheinung treten, schaffen ein breites Bild zum Thema BEM in KMU.

Die Befragungen scheinen in allen drei Studien offen. Auch wenn ein Leitfaden genutzt worden ist, ist es den Befragten möglich gewesen, darüberhinausgehende Erfahrungen zu schildern.

Die Auswertung hat bei Ramm et al. (2012) und Ohlbrecht et al. (2018) theoriebegrün-det über die Grounded Theory stattgefunden. Die Aussagen der Befragungen sind in Kategorien zusammengefasst worden. Bei Köpke (2011) ist keine Kategorienbildung erfolgt. Die Auswertung und die Darstellung der Ergebnisse haben hier exemplarischen Charakter. Dies lässt die methodische Vorgehensweise tendenziell eher intransparent erscheinen. Die theoriebegründete Auswertung von Ramm et al. (2012) und Ohlbrecht et al. (2018) lässt gegebenenfalls realitätsnähere und validere Ergebnisse vermuten. Damit einhergehend zeigt die Kategorienbildung durch die entsprechenden Textbelege grundsätzlich die empirische Verankerung der Studien von Ramm et al. (2012) und Ohlbrecht et al. (2018) auf. Zudem spricht die theoriegestützte Auswertung für intersubjektive Nachvollziehbarkeit, da die Ergebnisse durch den zugrunde gelegten theoretischen Rahmen besser in den Forschungsstand eingeordnet und weitere Perspektiven aufgezeigt werden können. Bei Ramm et al. (2012) sind die Ergebnisse zusammen mit der Diskussion dargestellt worden. Für den Lesenden ist nicht eindeutig, was Ergebnisse der Befragung und was mögliche Interpretationen sind. Demzufolge ist in dieser Studie zwar eine empirische Verankerung vorhanden, diese wird jedoch durch fehlende Transparenz eingeschränkt.

Bei Köpke (2011) sind die Fragestellungen sehr transparent, da alle Einzelfragen aufgeführt worden sind. Ramm et al. (2012) und Ohlbrecht et al. (2018) konnten dies in ihren Veröffentlichungsformen nicht leisten, haben jedoch ihre Befragung durch Nennung der Kernthemen nachvollziehbar darstellen können. Für den Lesenden ist das Vorgehen der Forschenden verständlich.

Zusammenfassend können die drei qualitativen Studien als gute Grundlage für mögliche Leitfäden, Einführungen von BEM in Unternehmen, Projekte oder Ähnlichem zu BEM gesehen werden, da brauchbare Erkenntnisse gewonnen worden sind.

5.7 Methodenkritik

In diesem Kapitel kommt es zur Auseinandersetzung des methodischen Vorgehens bezogen auf die Suchstrategie, die Studienauswahl sowie der Vergleichbarkeit der Studien untereinander.

Zunächst ist die durchgeführte Schlagwortsuche lediglich in den drei ausgewählten Datenbanken kritisch zu betrachten. Diese Entscheidung ist wegen des Gesundheitsbezugs getroffen worden, jedoch ist vorstellbar, dass BEM in KMU auch in anderen Fachbereichen, wie den Wirtschaftswissenschaften oder den Rechtswissenschaften, ein zu behandelndes Thema sein könnte. Somit wäre es gegebenenfalls hilfreich gewesen, auch in anderen Datenbanken zu suchen.

Darüber hinaus hätten eventuell Vergleiche mit internationalen Konzepten noch weitere Erkenntnisse generiert. Dies ist in dieser Arbeit nicht aufgegriffen worden, da sich ganz konkret auf das BEM nach dem SGB IX bezogen worden ist. Wenn es aber um Faktoren geht, die auf eine Eingliederung beziehungsweise Wiedereingliederung in das Arbeitsleben Einfluss nehmen können, könnten auch solche berücksichtigt werden, die im internationalen Kontext ermittelt worden sind.

Die ermittelten Studien beziehungsweise die genutzten Daten der Studien sind weiterhin, abgesehen von denen bei Ohlbrecht et al. aus dem Jahre 2018, relativ alt. Zudem sind lediglich drei Studien in dem gewählten Zehnjahreszeitraum gefunden worden. Vielleicht hätten durch Suche nach und durch Arbeit mit Projekten und deren Berichten aktuellere Grundlagen genutzt werden und somit noch aktuellere Ergebnisse erzielt werden können. Jedoch ist zudem vorstellbar, dass sich einige Faktoren, die BEM betreffen, im Zeitverlauf nicht gravierend verändern.

Abschließend sollte weiterhin erwähnt werden, dass die Studie von Köpke (2011) durch einen Forschungsschwerpunkt, der weit über BEM hinausgeht, nur schwer mit den anderen beiden Studien verglichen werden kann. Wegen der mangelnden Anzahl an ermittelten Studien, ist die Studie von Köpke (2011) jedoch mit aufgenommen und somit auch mit den anderen beiden Studien verglichen worden.

Insgesamt kann festgehalten werden, dass diese Arbeit einige Limitationen in der Methodik aufweist, die zukünftig vermieden werden sollten. Ungeachtet dessen wird die Qualität der Studienauswahl teilweise durch die mangelnde Vergleichbarkeit der Studien eingeschränkt.

6 Fazit

Zur Beantwortung der Forschungsfrage kann zusammenfassend festgehalten werden, dass verschiedene Faktoren aus unterschiedlichen Kategorien existieren, die einen Einfluss auf BEM nach § 167 Abs. 2 SGB IX (2018) in KMU haben. Die Faktoren sind in vier verschiedene Kategorien eingeteilt worden: Den sozialen Erfolgs- und Hemmfaktoren sowie den (arbeits-)strukturellen Erfolgs- und Hemmfaktoren. Als sehr einflussreich können Aspekte wie Vertrauen, ein gutes Betriebsklima und transparente Kommunikation angesehen werden. Im Bereich der (arbeits-)strukturellen Erfolgsfaktoren hat sich gezeigt, dass externe Unterstützung zu einem gelingenden BEM beiträgt. Auch gewisse feste Regelungen oder Vereinbarungen zu BEM sind als vorteilhaft erkennbar. Darüber hinaus sind finanzielle und personelle Ressourcen des Arbeitgebers nötig, um BEM zufriedenstellend durchführen zu können. Außerdem ist festgestellt worden, dass auch Einflüsse, die nicht direkt mit dem Arbeitsplatz oder dem Arbeitgeber zusammenhängen auf die Gesundheit und Leistungsfähigkeit, wirken können. Dies könnten beispielsweise die Familie oder Freunde sein. Im Haus der Arbeitsfähigkeit von Tempel/Ilmarinen (2013) sind diese möglichen Einflüsse zudem zu erkennen. Im Vergleich zu großen Arbeitgebern oder Konzernen, sind sicherlich die Faktoren der Ressourcen und des eigenen Wissens zu BEM ausschlaggebend. Großunternehmen haben weitreichendere Möglichkeiten BEM-Strukturen aufzubauen, als Unternehmen der KMU. Dabei ist jedoch zu beachten, dass in Großunternehmen deutlich häufiger BEM-Fälle auftreten, als in KMU. Somit wird die Investition in BEM-Strukturen eventuell als sinnvoller oder lohnender angesehen. Abgesehen von dem Untersuchungsgegenstand der Faktoren, sind Effekte von BEM herausgearbeitet worden. BEM kann somit Mitarbeitenden helfen, mehr auf die eigene Gesundheit zu achten und unterstützt ferner bei der Verhinderung von Überforderung dieser.

Bemerkenswert ist, dass in den ausgewählten Studien nur wenige betroffene, also erkrankte Arbeitnehmer befragt worden sind. Dieser Punkt könnte in weiteren Forschungen intensiver bearbeitet werden.

Des Weiteren ergeben sich aus den ermittelten Ergebnissen einige Handlungsempfehlungen. Die hier herausgearbeiteten Ergebnisse können hilfreich für KMU sein, um eigene BEM-Verfahren zu entwickeln. Wenn die Ergebnisse der Studien beachtet werden, können individuelle Handlungsweisen passend zum eigenen Unternehmen erstellt werden. Da BEM-Systeme individuell auf das eigene Unternehmen angepasst werden sollten, sind die vorhandenen Ergebnisse ausreichend für eigene Leitlinien oder Prozessbeschreibungen. Diese sollten dann immer wieder kontrolliert und gegebenenfalls angepasst werden. Dabei können die Handlungsvorschläge, die bereits ausgearbeitet worden und in der Literatur zu finden sind, als weitere Grundlagen genutzt werden. Ergänzend können Erkenntnisse aus BEM im Rahmen von BGM für Angebote der präventiven Gesundheitsförderung innerhalb des Unternehmens nützlich sein. Gesamtbetrachtend können die bestehenden Forschungsergebnisse als hilfreich angesehen werden und sind, abgesehen von der geringen Menge der befragten betroffenen Personen, genügend.

Literaturverzeichnis

AOK Nordost - Allgemeine Ortskrankenkasse Nordost (o. J.): Was ist BGF? Gesetzliche Grundlagen. Gesetzliche Aufgabe der Gesetzlichen Krankenversicherung (GKV). URL: *https://www.aok-business.de/nordost/gesundheit/was-ist-bgf/betriebliche-gesundheitsfoerderung/gesetzliche-grundlagen/* (Stand: 03.06.2019).

AU-RL (2016) - Gemeinsamer Bundesausschusses: Richtlinie. Arbeitsunfähigkeits-Richtlinie Stand: 20. Oktober 2016 des Gemeinsamen Bundesausschusses über die Beurteilung der Arbeitsunfähigkeit und die Maßnahmen zur stufenweisen Wiedereingliederung nach § 92 Absatz 1 Satz 2 Nummer 7 SGB V (Arbeitsunfähigkeits-Richtlinie). Zuletzt geändert am 20. Oktober 2016. Veröffentlicht im Bundesanzeiger BAnz AT 23.12.2016 B5. In Kraft getreten am 24. Dezember 2016.

Badura, Bernhard/Ducki, Antje/Schröder, Helmut/Klose, Joachim/Meyer, Markus (Hrsg.) (2018): Fehlzeiten-Report 2018. Sinn erleben - Arbeit und Gesundheit. Zahlen, Daten, Analysen aus allen Branchen der Wirtschaft. Berlin: Springer.

BAR - Bundesarbeitsgemeinschaft für Rehabilitation (o. J.): Der BEM-Kompass. Für Arbeitgeber und Beschäftigte. URL: *https://www.bar-frankfurt.de/themen/arbeitsleben/betriebliches-eingliederungsmanagement/wo/ansprechstellen-fuer-rehabilitation-und-teilhabe-12sgbix.html* (Stand: 03.07.2019).

BAuA - Bundesanstalt für Arbeitsschutz und Arbeitsmedizin (o. J.a): Betriebliches Gesundheitsmanagement.
URL: *https://www.baua.de/DE/Themen/Arbeit-und-Gesundheit/Betriebliches-Gesundheitsmanage-ment/_functions/BereichsPublikationssuche_Formular.html?queryResultId=null&pageNo=0* (Stand: 03.06.2019).

BAuA - Bundesanstalt für Arbeitsschutz und Arbeitsmedizin (o. J.b): Return to Work (RTW) und Betriebliches Eingliederungsmanagement (BEM). URL: *https://www.baua.de/DE/Themen/Arbeit-und-Gesundheit/Betriebliches-Gesundheitsmanagement/Betriebliches-Eingliederungsmanagement/Betriebliches-Eingliederungsmanagement.html* (Stand: 03.06.2019).

Literaturverzeichnis

BAuA - Bundesanstalt für Arbeitsschutz und Arbeitsmedizin (o. J.c): Präsentismus. Arbeiten trotz Krankheit - Produktivitätsverluste und Gesundheitskosten. URL: *https://www.baua.de/DE/Themen/Arbeitswelt-und-Arbeitsschutz-im-Wandel/Organisation-des-Arbeitsschutzes/Wirtschaftlichkeit/Praesentismus.html* (Stand: 14.06.2019).

BAuA - Bundesanstalt für Arbeitsschutz und Arbeitsmedizin (2019): Volkswirtschaftliche Kosten durch Arbeitsunfähigkeit 2017. URL: *https://www.baua.de/DE/Themen/Arbeitswelt-und-Arbeitsschutz-im-Wandel/Arbeitsweltberichterstattung/Kosten-der-AU/pdf/Kosten-2017.pdf?_blob=publicationFile&v=4* (Stand: 03.06.2019).

BIH - Bundesarbeitsgemeinschaft der Integrationsämter und Hauptfürsorgestellen GbR (o. J.): FAQ zum BEM. Häufig gestellte Fragen. URL: *https://www.integrationsaemter.de/BEM-Haeufige-Fragen/302c/index.html#* (Stand: 03.06.2019).

BMAS - Bundesministerium für Arbeit und Soziales (2018): Betriebliches Eingliederungsmanagement. Von der Arbeitsunfähigkeit zur Beschäftigungsfähigkeit. URL: *https://www.bmas.de/DE/Themen/Arbeitsschutz/Gesundheit-am-Arbeitsplatz/betriebliches-eingliederungsmanagement.html* (Stand: 03.06.2019).

Destatis - Statistisches Bundesamt (2018): Beschäftigungsanteile 2016 nach Unternehmensgrößenklassen in %. URL: *https://www.destatis.de/DE/Themen/Branchen-Unternehmen/Unternehmen/Kleine-Unternehmen-Mittlere-Unternehmen/aktuell-beschaeftigte.html* (Stand: 03.06.2019).

DIN - Deutsches Institut für Normung e. V. (2012): DIN SPEC 91020:2012-07. Betriebliches Gesundheitsmanagement. Berlin: Beuth Verlag GmbH.

Die Kommission der Europäischen Gemeinschaften (2003): Empfehlung der Kommission vom 6. Mai 2003 betreffend die Definition der Kleinstunternehmen sowie der kleinen und mittleren Unternehmen (bekannt gegeben unter Aktenzeichen K(2003) 1422). URL: *https://eur-lex.europa.eu/legal-content/DE/TXT/PDF/?uri=CELEX:32003H0361&from=EN* (Stand: 03.06.2019).

Europäisches Netzwerk für Betriebliche Gesundheitsförderung (2014): Die Luxemburger Deklaration zur Betrieblichen Gesundheitsförderung. URL: *https://www.bkk-dachverband.de/fileadmin/publikationen/luxemburger_d eklaration/Luxemburger_Deklaration.pdf* (Stand: 03.06.2019).

Fabel-Lamla, Melanie/Tiefel, Sandra (2003): Fallrekonstruktionen in Forschung und Praxis: Einführung in den Themenschwerpunkt. In: Zeitschrift für qualitative Bildungs-, Beratungs- und Sozialforschung. Jahrgang 4, Heft 2, S. 189-198. URL: *https://nbn-resolving.org/urn:nbn:de:0168-ssoar-279527* (Stand: 05.06.2019).

Hetzel, Christian/Mozdzanowski, Matthias/Flach, Thorsten (2007): Mitarbeiter krank - was tun!? Praxishilfen zur Umsetzung des betrieblichen Eingliederungsmanagements in kleinen und mittleren Unternehmen. Wiesbaden: Universum-Verlag.

Huber, Angela (2014): Das Betriebliche Eingliederungsmanagement. In: Hahnzog, Simon (Hrsg.): Betriebliche Gesundheitsförderung. Das Praxishandbuch für den Mittelstand. Wiesbaden: Springer, S. 59-73.

Jastrow, Birgit/Kaiser, Harald/Emmert, Martin (2010): Betriebliches Eingliederungsmanagement: Grundlagen und ökonomische Aspekte. In: Esslinger, Adelheid S./Emmert, Martin/Schöffski, Oliver (Hrsg.): Betriebliches Gesundheitsmanagement. Mit gesunden Mitarbeitern zu unternehmerischem Erfolg. Wiesbaden: Springer Gabler, S. 133-155.

Kaiser, Harald/Frohnweiler, Anne/Jastrow, Birgit/Lamparter, Kai (2009): Abschlussbericht des Projekts EIBE – Entwicklung und Integration eines betrieblichen Eingliederungsmanagements. URL: *https://www.bmas.de/SharedDocs/Downloads/DE/PDF-Publikationen/fb-fc401-eibe-projektbericht.pdf?__blob=publicationFile&v=2* (Stand: 18.07.2019).

Kelle, Udo (2008): Die Integration qualitativer und quantitativer Methoden in der empirischen Sozialforschung. Theoretische Grundlagen und methodologische Konzepte. 2. Auflage. Wiesbaden: VS Verlag für Sozialwissenschaften.

Köpke, Karl-Heinz (2011): Gesunde Arbeit für alle. Von der Gesundheitsförderung zum Eingliederungsmanagement im Betrieb. Eine empirische Studie zur Verbesserung betrieblicher Gesundheitspolitik insbesondere in Klein- und Mittelbetrieben in Norddeutschland. Edition 253. Düsseldorf: edition Hans Böckler Stiftung.

Kubalski, Sebastian/Sayed, Mustapha (2016): Überwindung betrieblicher Barrieren für ein betriebliches Gesundheitsmanagement in kleinen und mittelständischen Unternehmen. In: Pfannstiel, Mario A./Mehlich, Harald (Hrsg.): Betriebliches Gesundheitsmanagement. Konzepte, Maßnahmen, Evaluation. Wiesbaden: Springer, S. 1-20.

Mehrhoff, Friedrich (2007): Betriebliches Eingliederungsmanagement - Herausforderung für Unternehmen. In: Badura, Bernhard/Schellschmidt, Henner/Vetter, Christian (Hrsg.): Fehlzeiten-Report 2006. Berlin, Heidelberg: Springer, S. 127-138.

Niehaus, Mathilde/Magin, Johannes/Marfels, Britta/Vater, Gudrun E./Werkstetter, Eveline (2008): Betriebliches Eingliederungsmanagement. Studie zur Umsetzung des Betrieblichen Eingliederungsmanagements nach § 84 Abs. 2 SGB IX. Bonn: Bundesministerium für Arbeit und Soziales.

Nordhausen, Thomas/Hirt, Julian (2019): Manual zur Literaturrecherche in Fachdatenbanken. RefHunter. Halle (Saale), St. Gallen: Martin-Luther-Universität Halle-Wittenberg, FHS St.Gallen.

Ohlbrecht, Heike/Detka, Carsten/Kuczyk, Susanne/Lange, Bianca (2018): Return to Work und Stay at Work – Die Frage nach einem gelingenden betrieblichen Eingliederungsmanagement. In: Die Rehabilitation. Jahrgang 57, Heft 3, S. 157–164.

Pfannstiel, Mario A./Mehlich, Harald (Hrsg.) (2016): Betriebliches Gesundheitsmanagement. Konzepte, Maßnahmen, Evaluation. Wiesbaden: Springer.

Ramm, Diana/Mahnke, Christiane/Tauscher, Anne/Welti, Felix/Seider, Harald/Shafaei, Reza F. (2012): Betriebliches Eingliederungsmanagement in Klein- und Mittelbetrieben. Rechtliche Anforderungen und Voraussetzungen einer erfolgreichen Umsetzung. In: Die Rehabilitation. Jahrgang 51, Heft 1, S. 10–17.

SGB IX (2004) - § 84 Abs. 2 (alte Fassung) SGB IX: Das Neunte Buch Sozialgesetzbuch - Rehabilitation und Teilhabe behinderter Menschen (SGB IX) - Artikel 1 des Gesetzes vom 19.06.2001 (BGBl. I S. 1046 ff.), zuletzt geändert durch Artikel 1 der Verordnung vom 23.04.2004 (BGBl. I S. 606 ff.).

SGB IX (2018) - § 167 Abs. 2 SGB IX: Das Neunte Buch Sozialgesetzbuch - Rehabilitation und Teilhabe behinderter Menschen (SGB IX) - Artikel 1 des Gesetzes vom 23.12.2016 (BGBl. I S. 3234 ff.), zuletzt geändert durch Artikel 6 der Verordnung vom 28.11.2018 (BGBl. I S. 2016 ff.).

TK - Techniker Krankenkasse (2016): Warum BGM. URL: *https://www.tk.de/tk/gesund-im-unternehmen/betriebliches-gesundheitsmanagement/warum-betriebliches-gesundheitsmanagement/18174* (Stand: 03.06.2019).

TK - Techniker Krankenkasse (2018): Gesundheitsreport 2018. Arbeitsunfähigkeiten. URL: *https://www.tk.de/resource/blob/2034000/60cd049c105d066650f9867da5b4d7c1/gesundheitsreport-au-2018-data.pdf* (Stand: 03.06.2019).

TK - Techniker Krankenkasse (2019): Gesundheitsreport 2019. Kurzübersicht Fehlzeiten. URL: *https://www.tk.de/resource/blob/2059766/17404ba7769d1ba222d4cb1da5844c83/gesundheitsreport-2019-data.pdf* (Stand: 03.06.2019).

Tempel, Jürgen/Ilmarinen, Juhani (2013): Arbeitsleben 2025. Hamburg: VSA Verlag.

Uhle, Thorsten/Treier, Michael (2015): Betriebliches Gesundheitsmanagement. Gesundheitsförderung in der Arbeitswelt – Mitarbeiter einbinden, Prozesse gestalten, Erfolge messen. 3. Auflage, Berlin: Springer.

WHO - World Health Organization (1986): Ottawa-Charta zur Gesundheitsförderung. URL: *http://www.euro.who.int/_data/assets/pdf_file/0006/129534/Ottawa_Charter_G.pdf* (Stand: 03.06.2019).

Anhang

Datenbank	Suchbegriffe	Filter	Ergebn.
PsycINFO	((betriebliches eingliederungsmanagement) OR (BEM) OR (langzeiterkrank*) OR (langzeitarbeitsunfähig*) OR (rückkehr*) OR (fehlzeit*) OR (company integration management) OR (return to work) OR (stay at work) OR (disability management) OR (leistungen zur teilhabe am arbeitsleben) OR (benefits for participation in working life)) AND ((klein und mittelbetriebe) OR (KMU) OR (SME) OR (small and medium-sized) OR (kleinbetrieb) OR (mittelbetrieb) OR (kleinunternehmen) OR (mittlere unternehmen)) AND ((SGB) OR (deutschland) OR (germany))	Publication Year: 2009-2019	1
PubMed	((betriebliches eingliederungsmanagement) OR (BEM) OR (langzeiterkrank*) OR (langzeitarbeitsunfähig*) OR (rückkehr*) OR (fehlzeit*) OR (company integration management) OR (return to work) OR (return to work[MeSH Terms]) OR (stay at work) OR (disability management) OR (leistungen zur teilhabe am arbeitsleben) OR (benefits for participation in working life)) AND ((klein und mittelbetriebe) OR (KMU) OR (SME) OR (small business[MeSH Terms]) OR (small and medium-sized) OR (kleinbetrieb) OR (mittelbetrieb) OR (kleinunternehmen) OR (mittlere unternehmen)) AND ((SGB) OR (deutschland) OR (germany))	published in the last 10 years	4
LIVIVO (a)	((betriebliches eingliederungsmanagement) OR (BEM) OR (langzeiterkrank*) OR (langzeitarbeitsunfähig*) OR (rückkehr*) OR (fehlzeit*) OR (company integration management) OR (return to work) OR (stay at work) OR (disability management) OR (leistungen zur teilhabe am arbeitsleben) OR (benefits for participation in working life)) AND ((klein und mittelbetriebe) OR (KMU) OR (SME) OR (small and medium-sized) OR (kleinbetrieb) OR (mittelbetrieb) OR (kleinunternehmen) OR (mittlere unternehmen)) AND ((SGB) OR (deutschland) OR (germany))	from 2009	40
LIVIVO (b)	((betriebliches eingliederungsmanagement) OR (BEM) OR (langzeiterkrank*) OR (langzeitarbeitsunfähig*) OR (rückkehr*) OR (fehlzeit*) OR (leistungen zur teilhabe am arbeitsleben)) AND ((klein und mittelbetriebe) OR (KMU) OR (kleinbetrieb) OR (mittelbetrieb) OR (kleinunternehmen) OR (mittlere unternehmen))	from 2009	52

Nach Titelsichtung:	
Datenbank	Ergebnis
PsycINFO	1
PubMed	2
LIVIVO (a)	9
LIVIVO (b)	7
Nach Korrektur doppelter Studien:	
Datenbanken	Ergebnis
PsycINFO, PubMed, LIVIVO (a/b)	10
Nach Abstractsichtung:	
Datenbanken	Ergebnis
PsycINFO, PubMed, LIVIVO (a/b)	4
Nach Volltextsichtung:	
Datenbanken	Ergebnis
PsycINFO, PubMed, LIVIVO (a/b)	3
Ein- und Ausschlusskriterien:	
Zu den Einschlusskriterien zählen: das Themenfeld BEM nach dem SGB IX soll berücksichtigt werden, kleine und mittlere Unternehmen sollen betrachtet werden und Faktoren für Erfolg beziehungsweise Misserfolg eines BEM sollen untersucht werden. Das Kriterium des BEM nach dem SGB IX ist relevant, da die Fragestellung Aspekte des BEM in Deutschland und keine internationalen Lösungen zu BEM oder return-to-work beinhalten soll. Zu beachten ist, dass BEM auch als ein Teil von BGM oder Gesundheitspolitik in einem Unternehmen gesehen werden kann. Ist zu erkennen, dass BEM berücksichtigt wird, ist das Einschlusskriterium erfüllt. Das Kriterium der kleinen und mittleren Unternehmen schließt Großunternehmen oder große Konzerne aus, welche keinen Inhalt der Forschungsfrage darstellen und das Kriterium der Faktoren für Erfolg beziehungsweise Misserfolg eines BEM ist wichtig, damit nicht lediglich darstellende Studien beispielsweise zum Umsetzungsstand vom BEM in die Bearbeitung eingehen. Zu den Ausschlusskriterien gehören dementsprechend: BEM oder return-to-work im internationalen Vergleich, Großunternehmen oder große Konzerne werden betrachtet und eine ausschließliche Beschreibung vom Umsetzungsstand.	

Tabelle 7: Datenbankrecherche vom 03.06.2019.
Eigene Darstellung.

Köpke (2011)	Übersicht zentraler Merkmale
Studie (Zitation)	Köpke, Karl-Heinz (2011): Gesunde Arbeit für alle. Von der Gesundheitsförderung zum Eingliederungsmanagement im Betrieb. Eine empirische Studie zur Verbesserung betrieblicher Gesundheitspolitik insbesondere in Klein- und Mittelbetrieben in Norddeutschland. Edition 253. Düsseldorf: edition Hans Böckler Stiftung.
Ziel	Mit praktischen Beispielen die Wirkung der sozialen Sicherung auf die Gesundheit Beschäftigter in den Betrieben prüfen und Optimierungsvorschläge machen. Netrachtung gesetzlicher Instrumente zur Sicherung und Erhaltung von Erwerbsfähigkeit mit Blick auf ihre Zielerreichung. Gute Ansätze – sog. best-practice – herausfinden, die Politik und anderen Betrieben zur Übernahme anzuraten sind. Gesamtkomplex von Erwerbsfähigkeit näher untersuchen. Herausarbeitung von Faktoren mit förderndem bzw. hemmendem Einfluss.
Studiendesign	Erster Schritt: Zusammenstellung der Rechtsquellen zur Sicherung von Gesundheit und Erwerbsfähigkeit. Untersuchung der Umsetzung dieser Normen durch die gesetzliche Kranken-, Unfall- und Rentenversicherung vorwiegend im norddeutschen Raum. Die Arbeitslosenversicherung und der staatliche Arbeitsschutz sind einbezogen worden. Zweiter Schritt: Gegenüberstellung von dieser Angebotspalette zu praktischen Erfahrungen aus je zehn kleinen und mittleren Betrieben in Hamburg, Mecklenburg-Vorpommern und Schleswig-Holstein. Es sind Betriebe aus dem privaten und öffentlichen Sektor befragt worden. Auf diese Weise ist exemplarisch ermittelt worden, in welchem Umfang die Rechtsvorgaben des Gesetzgebers die Adressaten erreichen. Dritter Schritt: Diskussion von Folgerungen.
Studienteilnehmer/-innen	Abfrage der Erfahrungen: 30 Betriebe in Hamburg, Mecklenburg-Vorpommern und Schleswig-Holstein (10 pro Land). 1 ½ Stündige Interviews. Es sind Betriebsinhaber, Personalverantwortliche, Sicherheitsbeauftragte, Betriebsärzte und andere erfahrene Personen sowie Betriebs- bzw. Personalräte befragt worden. Nahezu ausschließlich sind kleine und mittlere Betriebe ausgewählt worden. Die Befragung erfolgte auf der Grundlage eines vorab mitgeteilten Fragenkatalogs. Der Gesprächspartner konnte sich damit auf das Gespräch vorbereiten; davon ist in unterschiedlicher Weise Gebrauch gemacht worden. Zum Hinzufügen weiterer Informationen sind praktizierende Betriebs- und Werksärzte telefonisch nach ihren Erfahrungen befragt worden. Angesprochen worden sind zu diesem Zweck neun Betriebsärzte aus allen drei Bundesländern. Ihre Auswahl erfolgte nach dem Zufallsprinzip. Es ist ein Telefon-Interview nach vorangegangener schriftlicher Information und Terminabsprache geführt worden, um eine ausreichende Gesprächsbasis zu schaffen. Die Auskünfte und Einschätzungen sind schriftlich festgehalten worden.

Themenfelder	AGS, BGF, BEM, BGM
Zentrale Ergebnisse	**Soziale Erfolgsfaktoren:** - positive Grundauffassung, - Vertrauen des Arbeitnehmers in das Beschäftigungsverhältnis.
	(Arbeits-)strukturelle Erfolgsfaktoren: - fachkundige Beratung, - der Wunsch nach externer Beratung und Information über Lösungsalternativen, - klare Organisations- und Planungsvorgaben, - tarifliche oder betriebliche Vereinbarungen.
	Soziale Hemmfaktoren: - Rückschluss: fehlendes Vertrauen ist ein Hemmfaktor,
	fehlendes Gesundheitsbewusstsein von Mitarbeitenden und Führungspersonen,
	Nichtwissen über und der falsche Umgang mit psychischen Erkrankungen.
	(Arbeits-)strukturelle Hemmfaktoren: - Überangebot an Informationen und komplexe Rechtsprechung bei Gesundheits- und Arbeitsschutz, - unkonkrete Zuständigkeitsverteilung/große BEM-Teams, - zunehmende Arbeitsverdichtung, - fehlender Freiraum, - finanzielle Grenzen des Betriebs, - schlechte Zusammenarbeit von Haus- und Fachärzten mit dem Betriebsarzt.
	Effekte von BEM: ./.
Limitationen der Studie (Qualität der Studie)	Es sei darauf hingewiesen, dass die Bestandserhebung über den Leistungskatalog der Sozialversicherungsträger und der staatlichen Arbeitsschutzpolitik sowie die Befragung der Betriebe im Wesentlichen in der Zeit von Sommer 2007 bis Winter 2007/2008 erfolgte. Die Recherche zu den rechtlichen und organisatorischen Grundlagen ist zur Jahreswende 2008/2009 abgeschlossen worden. Seitherige Veränderungen konnten nicht berücksichtigt werden. Die Gespräche – teilweise unter Beteiligung des Betriebs- bzw. Personalrats, des Sicherheitsbeauftragten oder anderer Fachkundiger – sind von Juli 2007 bis März 2008 geführt worden.
Kommentar	Keine Aussage zum Interessenkonflikt.
	Keine Bildung von Kategorien. Auswertung der Studie exemplarisch.
	Eher nicht repräsentativ durch die Auswahl der Betriebe.

Tabelle 8: Übersicht zentraler Merkmale der Studie von Köpke (2011)
Eigene Darstellung nach Köpke (2011).

Ramm et al. (2012)	Übersicht zentraler Merkmale
Studie (Zitation)	Ramm, Diana/Mahnke, Christiane/Tauscher, Anne/Welti, Felix/Seider, Harald/Shafaei, Reza F. (2012): Betriebliches Eingliederungsmanagement in Klein- und Mittelbetrieben. Rechtliche Anforderungen und Voraussetzungen einer erfolgreichen Umsetzung. In: Die Rehabilitation 2012; Jahrgang 51, Heft 1, S. 10–17.
Ziel-/Fragestellung	Untersuchung von Anforderungen, die sich aus § 84 SGB IX (a. F.) (2004) für Betriebe, Dienste und Einrichtungen der Rehabilitation sowie für Sozialleistungsträger ergeben. Untersuchung und Zusammenfassung von Voraussetzungen für eine effektive Umsetzung des BEM bei kleinen und mittleren Unternehmen.
Studiendesign	Verknüpfung von wissenschaftlicher (Pre-)Recherche und qualitativ empirischer Methode. Methodisches Instrument: Leitfadengestützte Experteninterviews. Insgesamt sind 38 Experteninterviews durchgeführt worden. Neben dem allgemeinen Leitfaden sind zusätzlich auf die unterschiedlichen Akteure hin ausdifferenzierte Leitfäden entwickelt worden, die intuitive und spontane Antworten ermöglichen. Die jeweilige Rolle und Bedeutung des Experten im Rahmen eines BEM-Verfahrens ist dabei besonders berücksichtigt worden. Die qualitative Analyse der Interviews ist unter Bezugnahme auf die Grounded Theory vorgenommen worden.
Studienteilnehmer/-innen	Die Interviewten sind entweder zur Durchführung des BEM aufgrund gesetzlicher Vorschriften verpflichtet, zur Mitwirkung und Zusammenarbeit beauftragt oder persönlich betroffen gewesen. Der Fokus der Studie richtete sich im Besonderen auf Klein- und Mittelbetriebe des Handwerks. Es sind betriebliche und außerbetriebliche Akteure befragt worden. <u>Außerbetriebliche Akteure:</u> Sozialleistungsträger und Leistungserbringer. <u>Betriebliche Akteure:</u> Arbeitgeber kleinerer und mittlerer Handwerksbetriebe und ambulanter Pflegeeinrichtungen, erkrankte Arbeitnehmer, Betriebsärzte sowie betriebliche Interessenvertreter und ergänzend Fachkräfte für Arbeitssicherheit. Einschränkend soll erwähnt werden, dass im Rahmen der Studie nur wenige betriebliche Interessenvertreter und erkrankte Beschäftigte erreicht werden konnten. Hier besteht weiterer Forschungsbedarf.

Themenfelder	Im Wesentlichen sollten durch die Experteninterviews folgende Punkte erfragt werden: • bisheriger Kenntnisstand und eigene Erfahrungen zum Betrieblichen Eingliederungsmanagement, • Auswirkungen einer längerfristigen Erkrankung eines Mitarbeiters für einen Betrieb, • Erwartungen an das Betriebliche Eingliederungsmanagement und Voraussetzungen für den Erfolg von BEM sowie mögliche Hemmnisse, • erwartete Kosten und erwarteter Nutzen bei der Einführung und Umsetzung von BEM, • Einstellung zu und erwartete Effekte von Prämien- und Bonusregelungen, • Motivations- bzw. Angstfaktoren der Mitarbeiter hinsichtlich • des BEM.
Zentrale Ergebnisse	**Soziale Erfolgsfaktoren:** - Einstellung und Vorbildfunktion der Unternehmensleitung, - gutes Betriebsklima, - Vertrauen des Arbeitnehmers in einen Betriebsarzt, - gelungene BEM-Verfahren als „positive Verstärker". **(Arbeits-)strukturelle Erfolgsfaktoren:** - einheitliche Anlaufstellen, - überbetriebliche Kooperation und die Nutzung externer Dienstleistungen, - feste betriebsinterne Strukturen, die die Arbeitnehmer schützen, - finanziellen Hilfen durch Sozialleistungsträger, - der (drohende) Fachkräftemangel. **Soziale Hemmfaktoren:** - Prägung des Verhältnisses zur Leitung durch Angst und Misstrauen. **(Arbeits-)strukturelle Hemmfaktoren:** - niedriger Kenntnisstand von Führungspersonen und Mitarbeitenden in KMU, - fehlende Interessenvertretungen/fehlende zeitliche Ressourcen von Interessenvertretungen, - fehlender Kündigungsschutz und Umlagesystem für die Entgeltfortzahlung für Kleinstbetriebe. **Effekte von BEM:** ./.
Limitationen der Studie (Qualität der Studie)	Im Rahmen der Studie konnten nur wenige betriebliche Interessenvertreter und erkrankte Beschäftigte erreicht werden. Hier besteht laut der Autoren weiterer Forschungsbedarf. Die Ergebnisse und die Diskussion sind in einem Teil dargestellt. Es ist schwierig nachzuvollziehen, was Ergebnisse und was mögliche Interpretation ist.
Kommentar	Die Autoren geben an, dass kein Interessenkonflikt besteht.

Tabelle 9: Übersicht zentraler Merkmale der Studie von Ramm et al. (2012).
Eigene Darstellung nach Ramm et al. (2012).

Ohlbrecht et al. (2018)	Übersicht zentraler Merkmale
Studie (Zitation)	Ohlbrecht, Heike/Detka, Carsten/Kuczyk, Susanne/Lange, Bianca (2018): Return to Work und Stay at Work – Die Frage nach einem gelingenden betrieblichen Eingliederungsmanagement. In: Die Rehabilitation 2018; Jahrgang 57, Heft 3, S. 157–164.
Ziel-/Fragestellung	Frage nach grundlegenden Bedingungen und Faktoren die auf BEM-Prozesse in KMU Einfluss nehmen und zu einem Gelingen beitragen oder sie hemmen. Frage nach der Optimierung der Ausgestaltung des BEM, insbesondere in KMU. Untersuchung, ob bisherige Erfahrungen mit dem BEM zur Entwicklung früher ansetzender präventiver Maßnahmen zur Sicherung der Beschäftigungsfähigkeit genutzt werden können.
Studiendesign	Multiperspektivisches, qualitatives Forschungsdesign. Erhebung von 40 retrospektiven Interviews mit Arbeitnehmenden, die unterschiedliche Varianten des BEM durchlaufen haben. Zudem sind betriebliche sowie überbetriebliche Akteure durch Expertenbefragungen in den Blick genommen worden. Die Auswertung der Interviews folgte der Heuristik der Fallrekonstruktion und der Forschungsstrategie der Grounded Theory. Eine Unterstützung des Auswertungs- und Kodierprozesses erfolgte durch das Software-Programm Max.qda.
Studienteilnehmer/-innen (Fallzahl, Alter und Geschlecht)	40 Arbeitnehmende Samplestruktur der Interviews: 40 Interviews: 18 Männer, 22 Frauen. Altersstruktur: 7 Personen < 35 Jahren, 20 Personen </= 35-55 Jahren, 13 Personen > 55 Jahren. 25 Personen aus KMU, 15 Personen aus Großunternehmen. 9 Personen mit mehrfachen BEM. Erkrankungen: 21 Physische Erkrankung(en), 17 Psychische Erkrankung(en), 2 ohne Diagnose (Aber: Bedrohung der Beschäftigungsfähigkeit). Branchen: Soziale Berufe, Öffentlicher Dienst, Sicherheitsgewerbe, Dienstleistungsgewerbe, Versicherungsgewerbe, Handwerk, IT-Branche, Produktion. Zusätzlich sind 21 betriebliche und überbetriebliche Experten (Unternehmende, Betriebsräte, Schwerbehindertenvertretungen, Integrationsamt, Berufsförderungswerke, Institutionen des Sozialversicherungssystems, Servicestellen usw.) befragt worden.
Themenfelder	Biografisch verankerte Haltungen und Orientierungen der Akteure, Unternehmenskultur, Strukturelle Faktoren, Gelingensbedingungen und Hemmfaktoren, Dilemmata, Wirkungen von BEM.

Zentrale Ergebnisse	**Soziale Erfolgsfaktoren:** - Kultur der Achtsamkeit, - offene und positive Beziehung zwischen den Führungskräften und Mitarbeitenden, - gute Unternehmenskultur, soziales Netz der Arbeitnehmer, - positive Beziehungen und Kommunikation (über BEM) am Arbeitsplatz, - biographisch angelegte Faktoren. **(Arbeits-)strukturelle Erfolgsfaktoren:** - vorliegendes Wissen zu BEM, entweder intern oder extern, - Kooperationen zu Externen, - Vorgaben, die flexibel für die „individuellen Bedürfnisse" sein können, - Betriebsvereinbarungen nach Bedarf, - Informationsweitergabe an die Mitarbeitenden, - Vorabinformationen zu betroffenen Mitarbeitenden, - BEM initiiert durch betroffene Mitarbeitende, - ausreichend Ressourcen des Arbeitgebers, um Arbeitsplätze zu verändern und leidensgerechte Arbeitsplätze zu schaffen, - Schwerbehinderung. **Soziale Hemmfaktoren:** - fehlendes Vertrauen in die Leitung, - Verschweigen der Schwere der Erkrankung, - Präsentismus, - Befürchtung bei längerer Arbeitsunfähigkeit Kollegen zur Last zu fallen. **(Arbeits-)strukturelle Hemmfaktoren:** - Rückschluss: geringer Kenntnisstand ist ein Hemmfaktor, - unkonkrete Zuständigkeitsverteilung/große BEM-Teams, - nicht klaren Kompetenzen einzelner Leistungsträger, - fehlende finanzielle Ressourcen des Betriebs, - Schichtarbeit, - Montage, - Betriebsgröße, - Branche, - „private" Krankheit/Erkrankung in der keine Einflussnahme des Arbeitgebers möglich ist. **Effekte von BEM:** - Anstoß für die betroffene Person, in Zukunft anders mit dem eigenen Körper und der Gesundheit umzugehen, - Verhinderung von Überforderung am Arbeitsplatz, - positive Beeinflussung von Betriebsklima und Mitarbeiterbindung, - Überbetrieblich können BEM-Maßnahmen unterstützen die Sensibilität für Krankheit und Gesundheit in der Arbeitswelt zu verbessern, - Erkenntnisse für weitere, präventive Gesundheitsförderung können gewonnen und genutzt werden.
Limitationen der Studie (Qualität der Studie)	Woher kommen die Befragten? Welche Unternehmen? → Auch örtlich gesehen!
Kommentar	Die Autoren geben an, dass kein Interessenkonflikt besteht.

Tabelle 10: Übersicht zentraler Merkmale der Studie von Ohlbrecht et al. (2018). Eigene Darstellung nach Ohlbrecht et al. (2018).